はじめに

「いちばんおいしい野菜の食べ方を教えてください」
農家のみなさんにそう聞いたら、教えてくれたのはびっくりするほど
シンプルなレシピばかりでした。
寒さに向かう中で育った、ずっしり重い秋や冬の野菜たち。
食べ切れる？ なんて心配は無用です。
切り方を変えたり、和風、洋風、アジア風にしたり、
ちょっと意外な食材と組み合わせたりするだけで、
どーんと大きな野菜でもぺろりと食べられちゃうのです。

農家が昔からつくってきたふるさとの料理にも、
どっさりとれた野菜を飽きずに長く食べる工夫がたくさんあります。
油はほとんど使わず、調味料は最小限。
肉や魚をぜいたくに使ったりもしないけれど、
何度でも食べたくなるような安心する味です。

本書は、「まるごと、食べごと。」がコンセプトの
季刊誌「うかたま」に掲載された農家のレシピをまとめたものです。
毎日野菜に向き合っている農家のごはんにおじゃまして
一緒に食卓を囲んでいるような一冊になりました。
野菜をもっと食べたくなる、新しい食べ方を試したくなる
そんな「いちばんおいしい野菜のレシピ」をどうぞお楽しみください。

目 次

はじめに   *1*

- ■料理のレシピを教えてくれた農家、
  八百屋、料理店のみなさん   *4*
- ■甘さをいかしておいしく食べる   *6*
- ■長持ちのコツ、保存の技   *8*

大根

大根しゃぶしゃぶ   *10*
まるごと1本大根おろしタワー   *12*
鶏肉のみぞれ煮   *14*
- ●実験 本当に辛さは違う？
  部位別大根おろしの食べ比べ   *15*
干し大根のステーキ   *16*
大根の皮のエスニックきんぴら   *17*
ささみサラダ   *17*
ゆで大根   *18*
大根葉のふりかけ   *19*
大根のクリーム煮   *20*
大根カツ   *20*
大根ご飯   *21*

秋から冬 ふるさとの野菜料理
けんちん汁と大根飯   *22*
大根そば   *23*
なます   *24*

切り干し大根
いろいろなつくり方とそのレシピ   *26*
切り干し大根づくりの手順   *27*
せん切り…ソムタム風サラダ／肉巻き   *28*
輪切り・いちょう切り
  …はりはり漬け／豚ばら大根   *29*
ひらひら切り
  …なます／コチュジャン炒め   *30*
太切り…煮物   *31*

白菜

グリル白菜   *32*
ロール白菜   *34*
干し白菜とさばの塩スープ   *36*
- ●実験 白菜のセミドライ、
  干せば干すほどおいしくなる？   *37*
白菜とりんごのサラダ   *38*
白菜のおから和え   *39*
白菜のおひたし   *39*

秋から冬 ふるさとの野菜料理
白菜漬け   *40*

樽でどっさり！
本格白菜キムチを仕込む   *42*
白菜キムチの漬け方   *43*
カクテキ   *47*
キムチのトーストサンド   *48*
じゃがいもとセロリのキムチ鍋   *49*
キムチのステーキ   *49*

長ねぎ

長ねぎグリル   *50*
トロトロねぎと鶏の炊き込みご飯   *52*
長ねぎとほたてのぬた   *53*
ねぎとじゃがいもの塩麹煮   *53*
焼きねぎ漬け   *54*
余り野菜のお好み焼き   *54*
鶏肉と長ねぎのグラタン   *55*
ねぎのマリネ   *55*

キャベツ

シュラハトプラット   *56*
キャベツの丸ごと蒸し   *58*
キャベツのステーキ   *59*

秋から冬 ふるさとの野菜料理
キャベツの丸煮   *60*
キャベツのにしん漬け   *61*

かぶ

かぶの葉焼売	62
かぶのいくら和え	64
かぶのきのこあんかけ	64

秋から冬　ふるさとの野菜料理

かぶらごき	65
かぶの甘酢漬け	65
●農家おすすめのかぶと大根	66
●大根調理道具を比べてみました	67

ブロッコリー・カリフラワー

ブロッコリーとカリフラワーのフリット	68
カリフラワーの生サラダ	70
カリポテサラダ	70
カリフラワーと鶏肉のしょうが蒸し焼き	71
ブロッコリーのペペロンチーノ	71

にんじん

にんじんグリル	72
にんじん鍋	74
にんじんご飯	76
にんじんふりかけ	76
にんじんジャム	77
にんじんサラダ	77

秋から冬　ふるさとの野菜料理

いか入りきんぴら	78
いかにんじん	78
きんぴら	79
にんじんの子和え	79
●にんじんを埋めるとどうなる？	80

ごぼう・れんこん

揚げごぼう	82
甘辛ごぼう	82
ごぼうの照り焼き	84
ごぼうのおから和え	85
ごぼう南蛮	85
れんこんポタージュ	86
甘辛れんこん	87
ポットロースト	88
根菜のパエリヤ	90

秋から冬　ふるさとの野菜料理

はすねもち	92
玉津島	93
れんこんの落花生和え	93
辛子れんこん	94
がめ煮	95

せり・春菊・ケール

せり鍋	96
春菊そば	98
サラダ春菊のナムル風	98
春菊餃子	99
ケールのたらこスパゲティ	100
ケールチップス	101
●農家おすすめの苦くないケール	101
コルカノン	102
ケール炒め	102

初出一覧	103

本誌の料理レシピの分量について
1カップは200㎖、大さじ1は15㎖、小さじ1は5㎖。
1合は180㎖、1㎖は1ccです。
材料にある「植物油」は、菜種油、米油などを示し、
ごま油、オリーブオイルを使う場合は、別に指定します。

料理のレシピを教えてくれた
農家、八百屋、料理店のみなさん

茨城県古川市
秋庭寛子さん（秋庭農園）
【レシピ・料理】
鶏肉と長ねぎのグラタン…55

島根県邑南町
石田麻衣さん
キャベツの丸ごと蒸し…58
キャベツのステーキ…59

神奈川県二宮市
井上昌代さん（つ・む・ぎ農園）
鶏肉のみぞれ煮…14
春菊餃子…99

東京都調布市
岩崎晶人さん（発酵ごはん＆教室 こな家）
ブロッコリーのペペロンチーノ…71

宮崎県串間市
岩満和恵さん
ごぼう南蛮…85

長野県飯山市
岡田忠治さん・早苗さん（岡忠農園）
ケール炒め…102

東京都三鷹市
鴨志田佑衣さん（鴨志田農園）
大根しゃぶしゃぶ…10
干し大根のステーキ…16
大根の皮のエスニックきんぴら…17
ささみサラダ…17
シュラハトプラット…56
かぶの葉焼売…62
にんじんグリル…72
ケールチップス…101

群馬県高崎市
甲田崇恭さん（草木堂野菜店店長）
白菜とりんごのサラダ…38
トロトロねぎと鶏の炊き込みご飯…52
長ねぎとほたてのぬた…53
ブロッコリーとカリフラワーのフリット…68
カリフラワーと鶏肉のしょうが蒸し焼き…71
ごぼうのおから和え…85

神奈川県藤沢市
小島希世子さん
（体験農園コトモファーム）
【レシピ・料理】
にんじんふりかけ…76

長野県佐久穂町
小宮山日向さん（のらくら農場）
まるごと1本大根おろしタワー…12
ごぼうの照り焼き…84
春菊そば…98

東京都調布市
小山暁美さん（Farm Koyama）
ねぎとじゃがいもの塩麹煮…53
コルカノン…102

千葉県一宮市
齋藤絢子さん（ミナモトファーム）
大根葉のふりかけ…19
グリル白菜…32
かぶのいくら和え…64

埼玉県羽生市
齋藤万紀子さん（未来のたね）
【レシピ・料理】
にんじんサラダ…77

千葉県印西市
五月女めぐみさん（さおとめファーム）
カリフラワーの生サラダ…70
揚げごぼう…82
甘辛ごぼう…82

秋田県仙北市
佐藤真莉さん
【レシピ・料理】
ねぎのマリネ…55

愛知県田原市
直井景子さん（女農業道）
【レシピ・料理】
余り野菜のお好み焼き…54

千葉県印西市
柴海佳代子さん（柴海農園）
【レシピ・料理】
かぶのきのこあんかけ…64

茨城県阿見町
彦田農園・彦田真由美さん
（ふなしま蓮根）
れんこんポタージュ…86
甘辛れんこん…87

愛知県碧南市
鈴木薫さん（鈴盛農園）
【レシピ・料理】
にんじんジャム…77

茨城県つくば市
平石雅子さん
（多国籍創作料理の店　塩梅）
【レシピ・料理】
切り干し大根づくりの手順…27
ソムタム風サラダ…28
肉巻き…28
はりはり漬け…29
豚ばら大根…29
なます…30
コチュジャン炒め…30
煮物…31
白菜キムチの漬け方…43
カクテキ…47
キムチのトーストサンド…48
じゃがいもとセロリのキムチ鍋…49
キムチのステーキ…49

千葉県横芝光町
鈴木紗依子さん（GREEN GIFT）
【レシピ・料理】
焼きねぎ漬け…54
にんじんご飯…76

北海道士別市
谷江美さん（イナゾーファーム）
ロール白菜…34
白菜のおひたし…39
長ねぎグリル…50
ポットロースト…88
【レシピ・料理】
根菜のパエリヤ…90

宮城県名取市
三浦隆弘さん（三浦農園）
せり鍋…96

埼玉県加須市
谷川ゆかりさん（谷川農園）
大根のクリーム煮…20
大根カツ…20
大根ご飯…21
白菜のおから和え…39

千葉県成田市
溝口優子さん（あるまま農園）
ゆで大根…18
干し白菜とさばの塩スープ…36
カリポテサラダ…70
ケールのたらこスパゲティ…100

北海道中富良野町
寺坂祐一さん（寺坂農園）
にんじん鍋…74

（五十音順。写真は原則、掲載時のもの）

＊ここに掲載のない料理は「日本の食生活全集」
（p23参照）から、うかたま編集部がレシピにした
ものです。

埼玉県久喜市
土橋育美さん
【レシピ・料理】
サラダ春菊のナムル風…98

甘さをいかしておいしく食べる

農家におすすめのレシピを聞いて出てきたのが、「冬野菜の甘みが引き立つ」「やさしい甘みが味わえる」など、甘さをいかした食べ方でした。野菜の甘さはおいしさの秘密を探るキーワードのよう。その甘さはどこから生まれるのでしょうか。

野菜は寒いと甘くなる

大根のように冬が旬の野菜は通常、夏よりも冬に収穫するほうが甘みが強いといわれます。それは、野菜が低温下で育つときに、寒さから自分の身を守ろうとする仕組みが関係しているようです。

冬の大根は、晩夏や秋にタネをまき、寒さが増す中ゆっくり成長します。植物は光合成によってブドウ糖をつくり、それをでんぷんやショ糖に変えます。でんぷんそのものは甘くなく、甘みのもとになるのは砂糖の主成分でもあるショ糖です。ショ糖は低温の環境ではでんぷんよりも多くつくられることがわかっています。糖が蓄積されると細胞が凍りにくくなり、細胞内の物質を保護することもできるからです。さらに、寒い中では糖を消耗する呼吸も少なくなるため、冬の大根は糖の蓄積が多くなるのです。

一方、春にタネをまく夏大根は、冬よりも茎葉の生育が盛んです。光合成でつくられたブドウ糖はショ糖にならず、茎葉をつくるために使われます。また生育期間が短いので、冬の大根よりも糖の蓄積が少なくなるため、冬大根のほうが甘いと考えられています。

貯蔵すると甘くなる野菜もある

野菜は収穫されたあとも、呼吸をしたり、蒸散によって体温を調節したりして生き続けています。とれたての野菜は、糖や水分を呼吸や蒸散によって失っていないのでみずみずしく、甘みも感じます。ただ、さつまいもやじゃがいもなどのでんぷんを蓄える野菜は、収穫直後より一定期間貯蔵したほうが甘くなります。貯蔵するとでんぷんの一部を糖に変え、呼吸をするエネルギーに使うからです。さつまいもの場合は、13〜15℃で貯蔵して2〜3カ月後に、糖が最も増えるといわれています。

じっくり加熱すると甘くなる

貯蔵によって糖が増えるさつまいもは、加熱するとさらに甘くなります。60〜70℃になるとでんぷんを分解する酵素、アミラーゼが働いてでん

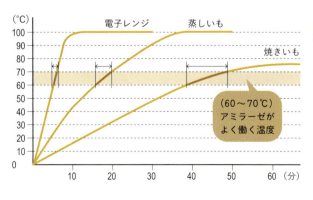

〈 加熱方法別温度上昇 〉

加熱方法によって、アミラーゼが働く時間が違う

(60〜70℃) アミラーゼがよく働く温度

ぷんを糖に変えるからです。電子レンジでチンしたさつまいもより石焼きいものほうが甘いのは、熱せられた石の熱で60〜70℃が長くキープされ、より多くの糖をつくることができるからです。

さつまいもを切らずに丸ごと焼くのも、大きいかたまりのほうが熱がゆっくり通るからです。焼きいもにするとき、さつまいもをぬれた新聞紙で巻き、その上からアルミホイルで包んで火に入れることがありますが、それは大きいかたまりのまま、中までじっくり火を通しつつ、外側を焦がさないための工夫です。

小さく切ると、火が通るまでの時間は短くなりますが、外側が乾燥したり焦げたりするので、アミラーゼが働く温度を長く保つのが難しく、甘みを十分に引き出せません。また、厚く切って表面を油でコーティングしておくと、長く加熱しても乾燥を防げるうえ、焦げずにむしろ油のおかげでカリッと仕上がり、甘みも引き出せます。

\ 実験 /

じっくりゆでた大根と
レンジでチンした大根、何が違う？

| 実験の動機 | 厚切りの大根も電子レンジなら3分でやわらかくなるようです。30分かけてゆでるのと何が違うか、比べてみました。 |

〈ゆでた大根〉

| 実験の方法 | 大根を4cmの輪切りにし、皮をむいて、ひとつは水から30分ゆでる。もうひとつは皿にのせてラップをし、電子レンジで3分温める。 |

〈電子レンジ大根〉

| 結果 | ゆでた大根：全体に透明感がありやわらかそうだが、形はしっかりしている。箸で切ってみると、まだかたい？と思うような手ごたえがあるが、食べたらびっくり。やわらかく、噛むとじゅわっと水分が出てくる。
電子レンジ大根：表面が白っぽく、透明感はない。箸を入れると意外と力を入れずに簡単に切れた。中まで火は通っているようだが、食べるとごりっとした食感でかたく、水分が少ない。ゆで大根とは全く別物。 |

長持ちのコツ、保存の技

まずは、保存の基本

貯蔵には温度と湿度が重要

野菜は収穫されたあとも、息をしたり（呼吸）、汗をかいたり（蒸散）して生き続けています。収穫後は新たに栄養や水分を吸収できないので、呼吸や蒸散が活発だと、エネルギー（＝糖分）と水分を失って老化し、おいしくなくなってしまいます。温度が低ければ、呼吸や蒸散は少なくなるので、収穫後は野菜がエネルギーを消費しないように冷暗所に置き、切断面から乾燥するのを防ぐためできるだけ丸のまま、新聞紙などで包んで湿度を保つように保存するのが理想です。

冷蔵庫は通常 0 〜 6℃、野菜室は 3 〜 9℃に設定されています。冬野菜のほとんどは貯蔵最適温度が 0℃程度なので、野菜室に入れた場合は少し保存期間が短くなりそうです。

温度と湿度以外の老化原因

畑にいるときと同じ姿で保存するのがよい、と聞いたことがあるでしょうか。これも、収穫後の野菜に余計な力を使わせないための工夫です。大根やにんじんなど、縦向きに伸びる野菜は、横にされると縦になろうとしてエネルギーを消費してしまうのです。白菜などの葉物も、同じ理由で縦向きに保存するのがよいとされています。

野菜を老化させるのは、温度と湿度、そして老化ホルモンと呼ばれるエチレンガスも原因のひとつです。エチレン感受性が高いと、エチレンガスの影響を受け傷みやすくなります。感受性の高い野菜は、りんごなどエチレン生成量が多い作物と一緒に保存しないようにしましょう。

カットすると傷みやすい

野菜は丸のまま保存したほうが長持ちします。切断されると、呼吸や蒸散などの代謝反応が急激に活発化するため、早く老化してしまうのです。また、切断面が多い（広い）ほど代謝が激しくなるため、細かく切るほど傷んだり変色したりすることがわかっています。

コンビニなどのカット野菜が青々としているのは、多くの場合、殺菌されたり、pH 調整剤が添加されていたりするためです。

土を落とすか落とさないか

ごぼうやいも類、長ねぎなどは、土がついたまま売られていることがあります。農家が手間を省くためでもありますが、ブラシなどでこすると表面の薄皮がむけ、風味が落ちてしまうため、あえて泥つきにすることもあるようです。

土がついていると、表面が乾燥しにくく湿度が保たれますが、土の雑菌などが原因で傷んでしまうこともあります。買ってきたら湿った土は落とし、冷暗所で保存しましょう。

農家のアイデア保存法

基本的にはどの野菜も、丸ごと保存する場合は新聞紙で包み、暖房が当たらない場所や、戸外の直射日光や雨の当たらない軒下（以下冷暗所）に立てて置きます（p9 右上写真）。カットしたものは冷蔵庫で保存します。切断面にラップをし、乾燥しないようさらに新聞紙などに包みます。2 〜 3 日で食べてしまうなら、カットした野菜をポリ袋などに入れるだけでも湿度が保たれます。

新聞紙に包んで保湿し、冷暗所に置く

冬に収穫して春まで食べる、農家の工夫をまねしてみましょう。

長ねぎ

米袋で長期保存
竹永幸子さん（滋賀県甲賀市）

30kgの米袋の底にモミガラ（またはくん炭）を深さ3cmほど入れたら、土を落とした長ねぎを立てて入れます。根は切らず、葉ははみ出すようなら切ってもOK。袋いっぱいに詰めたら、口をあけたまま冷暗所に置き、食べたいときに引き抜きます。1～2カ月保存できるそうです。

編集部メモ
保存しているとだんだん軟化し、甘みが増すそう。20日ほどして葉の分岐部から出てくる黄色いやわらかい葉も、絶品とのことです。

大根

杉の葉でネズミ害ゼロ
内舘勝人さん（岩手県花巻市）

11月頃に収穫した大根を、土に穴を掘って保存するという内舘さんの悩みはネズミ。そこで、貯蔵用の穴に青い杉の葉を敷き、その上に大根を立てて並べ、まわりにも上からも杉の葉でガード。最後に土をかぶせたところ、ネズミ害がゼロになったとのことです。

編集部メモ
ほかにも、ごぼうや長ねぎ、里芋などのいも類を土の中で保存する農家が多いよう。杉の葉は、独特なにおいと、チクチクしているので嫌がるのでは？とのことです。

白菜

りんご箱に立てて保存
水本礼子さん（岩手県紫波町）

野菜の保存に木製のりんご箱を活用している水本さん。白菜は底に新聞紙を敷いて立てて入れ、倉庫に置きます。新聞紙で水分が調整されるのか、長くおいしさを保てるそうです。

編集部メモ
横にすると下になった部分がつぶれて腐りやすいとのこと。りんご箱がなければ、通気性のよい段ボール箱もよさそうです。

キャベツ

芯に穴をあける
嶽野時子さん（長崎県五島市）

包丁でキャベツの芯を1～2cmくり抜きます。そこに湿らせたキッチンペーパーを当て、キャベツ全体をラップでおおい、さらに新聞紙で巻きます。冷蔵庫に入れておけば、2カ月はおいしく食べられるそうです。

包丁を立てるようにしてくり抜く

編集部メモ
芯をくり抜くとよいのは、白菜も同じ。巻いた葉の中心に成長点があり、芯を通して栄養が送られます。芯をくり抜けば、葉から栄養が送られなくなり、長持ちします。

大根

おろしても、煮ても焼いても生でも干しても

■どんな野菜？
原産地は中央アジア～地中海沿岸。生育適温は17～21℃で冷涼な気候を好む。最も栽培しやすく生産量が多いのは秋まき秋冬どり。

■保存のポイント
貯蔵最適温度：0～1℃
貯蔵最適湿度：95～100％
エチレン感受性：低（p8参照）

大根しゃぶしゃぶ

〈材料〉4人分
葉つき大根…1本（皮をむいてすりおろす。葉はみじん切り）
豚ばら肉しゃぶしゃぶ用…250g（ひと口大に切る）
絹ごし豆腐…1丁（ひと口大に切る）
好みの葉物野菜（水菜、せりなど）…適量（食べやすい大きさに切る）
A［だし汁…2カップ／酒…大さじ1／醤油…小さじ2］
好みの薬味（ゆずの皮や小口切りのねぎなど）…適量

〈つくり方〉
1　鍋に大根おろしとAを入れて中火にかける。沸騰したら弱火にし、大根の辛みが抜けるまで煮る。甘みが立ってくる。
2　豆腐は2～3分、肉や野菜はさっと火が通る程度、鍋にくぐらせる。
3　器に大根葉と薬味を入れ、汁ごと具をよそう。薬味や野菜を、汁をまとった肉で包むように食べる。

◎汁が余ったら、最後にご飯を入れて雑炊にしてもおいしい。

MEMO
辛み成分のイソチオシアネートは、すりおろしたり細かく刻んだりして細胞が壊れると生成されます。揮発性で熱に弱いので、加熱すると辛みはなくなります。辛みについてくわしくはp15参照。

ふわふわの温かい大根を肉や野菜にからませて。
繊維をおろし器に直角に立ててすると
なめらかに仕上がります。

肉や魚は、大根をたっぷり食べるための
わき役。あっという間に食べられるので、
躊躇（ちゅうちょ）せず、まるごと1本すりおろしましょう。

まるごと1本
大根おろしタワー

〈材料〉5〜6人分
大根…1本
赤大根＊…2本
豚肉しゃぶしゃぶ用…500g
ケール…6枚
　（食べやすい大きさにちぎる）
酒…大さじ2
好みのたれ（ポン酢醤油、ごまだれなど）…適量

＊紅くるり（p66参照）など中まで赤い大根。大根は1種類でもいいが、品種が違うと風味の違う大根おろしを楽しめる。色が違うと見た目も楽しい。

〈つくり方〉
1　大根と赤大根はそれぞれおろして軽く水気を切る。
2　ケールを沸騰した湯に通してさっとゆでる。同じ湯に酒を入れ、豚肉もさっと火を通したら、水気を切る。
3　器にケールを敷き、肉をのせる。赤大根、大根の順に大根おろしを盛る。肉やケールにたっぷりおろしをのせて好みのたれで食べる。

> 力が出るよう、昼ごはんはボリューム満点のことが多いのですが、大根おろしを一緒に食べると、たくさん食べてもおなかがすっきりして午後の作業もはかどります。（小宮山日向さん）

鶏肉1kgに大根1本と
覚えやすい
肉も野菜もどっさりの
レシピです。

鶏肉のみぞれ煮

〈材料〉6〜8人分
鶏もも肉…1kg(3〜4枚)
塩…大さじ1
にんにく…1かけ(薄切り)
大根…1本
ローリエ…1枚
オリーブオイル…大さじ1
酒…1/2カップ
青ねぎの小口切り…適量

〈つくり方〉

1 鶏肉に塩をもみ込み、包丁で何カ所か軽く切れ目を入れ、にんにくの薄切りを差し込む。室温で1時間ほどおく。

2 大根は2/3はすりおろし、1/3はひと口大に切る。

3 鍋にオリーブオイルをひき、1の鶏肉を入れて表面を焼き、余分な脂はキッチンペーパーなどでふき取る。

4 3に酒を入れて沸騰したら、2とローリエを入れる。再び沸騰したらアクをとり、蓋をして弱火で1時間ほど煮込む。肉は食べやすい大きさに切り、大根とともに器に盛る。好みで青ねぎを散らす。

◎盛りつけは1人分でも大皿に何人か分でもよい。大皿の場合、大根おろしがとりやすいように、スプーンを添える。

\実験/

本当に辛さは違う？
部位別大根おろしの食べ比べ

部位によって大根おろしにしたときの辛さが違う、というのはよく知られた話です。実際にどれくらい辛さが違うのかを調べてみました。

実験の方法

大根1本を「あたま」「まん中」「しっぽ」に分け、それぞれをすりおろして食べてみる。糖度計でも測定する。

結果

あたま…糖度は3.7%。口に入れたときと、後味に若干の辛みを感じる。水分が3つのうちで最も多い。
まん中…糖度は3.3%。しっかり辛い。鼻がツンとする感覚もあるが、心地よい辛さ。おろし汁はかなり辛い。
しっぽ…糖度は3.1%。すごく辛い。しかし大根そのものの風味を強く感じるので辛さはそれほど気にならない。

考察

辛さは**しっぽ→まん中→あたま**の順で、いわれている通りだった。しっぽはかなり辛かったが、意外にも大根の風味を最も感じた。また、実験後30分ほど放置してもう一度食べてみたらどれも辛みがなくなっていた。どうやらイソチオシアネートは揮発性で、しばらくおくと辛みはどんどん減るらしい。辛みとともにおいしさも減った気がした。
大根おろしはしっぽがいちばん辛いのは本当だ。でもどの部位もおいしい。ただしおろしたてを食べるべし。

辛みについて、もっとくわしい説明

大根はもともとグルコシノレートという成分を含んでいる。これ自体に辛みはないが、すりおろされて細胞から浸み出し、ミロシナーゼという酵素と混ざることで辛み成分のイソチオシアネートに変化する。グルコシノレートとミロシナーゼは先端部分（しっぽの先）に多く集まっているので、先端のほうが辛いといわれる。

〈あたま〉　　〈まん中〉　　〈しっぽ〉

寒風でセミドライになった大根を
バター醤油でじっくり焼きました。

干し大根のステーキ

〈材料〉4個分
大根…1/2本（皮をむき4つに輪切り）
バター…大さじ1/2
醤油…小さじ1
粗びき黒こしょう…少々

> 大根の食べ方でとくにおすすめな料理です。うま味がぎゅっと凝縮して、噛むと水分がじゅわっ。その甘さにびっくりします。（鴨志田佑衣さん）

〈つくり方〉

1 大根の中心に菜箸や竹串で穴をあけて通す。菜箸の端をひもで結んで吊るし、表面が乾くまで軒下で干す。晴れた冬の日なら3日ほどが目安。

2 フライパンにバターを熱し、大根を並べる。蓋をして極弱火でじっくり蒸し焼きする。焼き目がついたら裏返す。

3 両面に焼き目がついたら醤油を加えてからめる。このとき油が少なければ、バター（分量外）を適量加え、溶けたら火を止める。

4 黒こしょうをたっぷりとかけて食べる。

◎醤油をナンプラーに代えてもおいしい。

上／穴に直接ひもを通してもよい
下／左は干して3日、右は1週間。どちらも同じように焼いて食べる

大根の皮の
エスニックきんぴら

〈材料〉2人分
厚めにむいた大根の皮
　…2/3本分（細切り）
しょうが、にんにく
　…各1かけ（みじん切り）
ごま油…大さじ1/2
ナンプラー…小さじ1
粗びき黒こしょう…適量

〈つくり方〉
1　フライパンにごま油を熱し、しょうがとにんにくを香りが出るまで炒める。
2　大根の皮を入れて炒め、油が回ったらナンプラーを加え、さらに炒める。
3　器に盛り、黒こしょうをかける。

厚切りの皮は炒めるとジューシーに。
こしょうがピリッときいたきんぴらです。

ささみサラダ

〈材料〉2人分
厚めにむいた大根の皮
　…1/2本分（細切り）
大根葉…1/2本分（みじん切り）
塩…小さじ1/2
鶏ささみ肉…2本（筋を除く）
マヨネーズ…大さじ1と1/2
ゆず果汁…小さじ1〜2
塩、粗びき黒こしょう…適量

〈つくり方〉
1　大根の皮と葉は塩もみする。
2　鍋に湯を沸かし、ささみを入れて火を止める。5分おいたら取り出し、ひと口大に裂く。
3　ボウルに1と2、マヨネーズ、ゆず果汁を合わせ、味をみながら塩を足す。器に盛り、黒こしょうをかける。

柑橘のさわやかな風味が隠し味。
大根の皮のポリポリの歯ごたえも楽しみたい。

ゆで大根

〈材料〉4人分
大根…1本（皮をむき、厚さ4〜5cmの輪切り。鍋が小さければ半月形に切る）
【くるみ味噌】
くるみ…30g（軽く炒る）
味噌…大さじ2
酒…大さじ1
砂糖…小さじ1
ごま油…小さじ1/2

〈つくり方〉
1 鍋に大根を入れ、大根が浸かるくらいひたひたに水を入れて火にかける。沸騰したら弱火にして約30分ゆでる。
2 くるみ味噌の材料をすべてすり鉢に入れ、なめらかになるまでする。ゆでた大根にかけて食べる。

◎ゆでた大根は味噌汁に入れたり、おでんに入れてさらに煮込んでもおいしい。
◎厚く切り、時間をかけてゆでるのがポイント。

ただゆでただけなのに、
ジューシーで口の中に
うま味が広がります。
大根特有の臭みもありません。

ゴワゴワで量の多い
大根葉は、細かく切って
油で炒めるのがいちばん。
薄切り肉で巻くと
主役級のおかずになります。

大根葉のふりかけ

〈材料〉2〜3人分
大根葉…1本分（約400g）
　（1〜2cmに刻む）
乾燥小えび…大さじ1
植物油…適量
みりん…小さじ1
醤油…大さじ1
かつお節…1g
豚薄切り肉…5枚
塩、こしょう…少々

〈つくり方〉
1 フライパンに油を熱し、大根葉、乾燥小えび、みりん、醤油を入れて、水分がなくなるまで炒める。火を止めたらかつお節を和える。
2 フライパンに油を熱し、豚肉を焼き、塩、こしょうで味つけする。1を巻きながら食べる。

◎冷蔵庫で2日ほど保存できる。ご飯にのせてもおいしい。

大根の
クリーム煮

〈材料〉4〜6人分
大根…1/3本(450g)(厚さ1.5cmの
　半月切り)
水…1〜2カップ
のり…2枚
醤油、味噌…各小さじ1
豆乳…1カップ

〈つくり方〉
1 鍋に大根、水を入れて蓋をして20分ほどやわらかくなるまでゆでる。
2 1の鍋にのりをちぎって加える。
3 醤油、味噌を加え5分ほど煮て、豆乳を加えひと煮立ちしたら、火を止める。

のりの風味が決め手。
やさしい味の和風クリーム煮です。

大根カツ

〈材料〉4〜6人分
煮た大根*…8切れ
かたくり粉、小麦粉…各大さじ2と1/2
水…大さじ4
パン粉…適量
揚げ油…適量

〈つくり方〉
1 大根は食べやすい大きさに切っておく。
2 かたくり粉と小麦粉を合わせて水で溶く。
3 2に大根をくぐらせて、パン粉をつけて中温の油で揚げる。味はついているので、ソースなどは必要ない。

*おでんや煮物などで残った大根でよい。煮る場合は、大根250gを輪切りにし、だし汁2カップ、醤油大さじ1、塩小さじ1/4、みりん小さじ2でやわらかくなるまで煮る。

だしのしみた大根と
カリカリ衣の組み合わせが意外なおいしさ!

大根の歯ごたえが楽しい。
冷めてもおいしいのでおにぎりにどうぞ。

大根ご飯

〈材料〉4〜6人分
米…3カップ
大根…1/4本(さいの目切り)
油揚げ…1枚(さいの目切り)
昆布…5cm
┌ 醤油…大さじ2と1/2
│ みりん…大さじ2
└ 塩…小さじ1/2
ゆでた大根葉…適量

〈つくり方〉
1 米は洗って、炊飯器の目盛りに合わせて浸水しておく。
2 大根葉以外の材料を炊飯器に入れて炊く。ただし、調味料の水分量は浸した水から取り除く。
3 炊き上がったら昆布は取り出し、全体を混ぜる。ゆでた大根葉を刻んで混ぜる。

秋から冬
ふるさとの野菜料理

昔は、秋にとれた野菜を保存して、冬の間はそれらを飽きないように料理して食べていました。昭和初期の家庭料理を記録した「日本の食生活全集」から、登場する料理とその背景にある暮らしを紹介します。

けんちん汁と大根飯
〈広島県山県郡芸北町〉

夜——大根飯、けんちん汁、おおぐき*の漬物

　年間を通じて、この時期は主婦が最もゆっくりできるときである。夕食のしたくに時間がかけられるのもこの季節だけである。ごはんは、大根をさいの目に切ってゆで、塩も少し入れた大根飯をよくつくる。寒さの厳しい冬の夕食としてみんなが喜ぶおかずは、なによりもからだを温める食べものである。よくつくるのが、粕汁、けんちん汁などである。大根、にんじん、ごぼう、里芋などを油で炒めて煮こむ。めったにないことだが、野うさぎや山鳥などが手に入ったときは、入れることもある。家族の者は予期しないごちそうにありつけ、舌鼓を打って食べる。

『聞き書 広島の食事』より
執筆：平川林木

*広島菜。広島特産のつけな。

けんちん汁

〈材料〉4人分
- 大根…1/4本（いちょう切り）
- にんじん…1/2本（いちょう切り）
- ごぼう…1/2本（ささがき）
- 里芋…4個（2〜3等分に切る）
- 豆腐…1丁（水を切っておく）
- 植物油…大さじ1
- 煮干し…10g（頭、腹わたをとる）
- 水…3カップ
- 醤油…大さじ1
- 塩…小さじ1/2
- 青ねぎ…適量（小口切り）

〈つくり方〉
1　鍋に油を熱し、煮干し、くずした豆腐、野菜、里芋の順に炒める。水を加えて煮る。
2　野菜と里芋に火が通ったら、醤油と塩で調味して火を止める。器に盛ってねぎをのせる。

大根飯

〈材料〉4人分
- 大根…300g
- 米…3合
- 塩…小さじ1

〈つくり方〉
1　大根は米粒よりやや大きめのさいの目に切る。やわらかくなるまでゆで、水気を切る。
2　ご飯を炊き、塩、ゆでた大根を混ぜ合わせて蒸らす。

大根そば

〈栃木県小山市〉

　大みそか——この日には、年越しの用意が全部終わってから、みそかそばを手打ちし、大根そばにして食べる。

　これは、でいこん*をせんつき（せんつきという道具で、せん切りのようにする）にしてゆでたものを、ゆであげたそばに混ぜたものである。そば粉一升に、中くらいの太さのでいこんを一本使う。

『聞き書 栃木の食事』より
執筆：松浦良子

*大根。

〈材料〉2人分
乾そば…2束
大根…1/5本（200g）
つゆ
　┌ 煮干し…10g
　│ 水…2カップ
　│ 醤油…大さじ1
　└ みりん…小さじ2
七味唐辛子、長ねぎの小口切り
　…適量

〈つくり方〉

1　煮干しでだしをとり、醤油、みりんを加えて煮立てる。
2　大根をせん突きやスライサーで突いてせん切りにする。
3　大根は1分ほど、そばは表示通りゆでて、それぞれ冷水にとり、水気を切る。
4　大根とそばを器に盛り合わせ、1のつゆで食べる。好みで七味唐辛子やねぎを薬味にする。

◎そばと大根は一緒にゆでてもよい。

「日本の食生活全集」とは

大正末から昭和初期という、日本の多くの地域で、まだ自給自足が柱になっていた時代。その頃の暮らしを都道府県ごとに聞き書きした日本人の"いのちの記録"。そこからは、当時の農家が工夫したその地域ならではの野菜の食べ方がたくさん見つかります。各都道府県＋アイヌ巻＋索引2巻の全50巻。

23

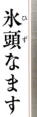

ゆず巻き

〈材料〉4人分
大根…400g(10cm)
ゆずの皮…90g
　(ゆず2個分)
【三杯酢】
酢…大さじ6
砂糖…大さじ2
塩…小さじ2

〈つくり方〉
1　大根は皮をむいて3〜5mm厚さの輪切りにし、ザルに並べてしんなりするまで日なたで半日から1日干す。
2　ゆずの皮をせん切りする。
3　ゆずの皮5〜10gを芯にして、1の干し大根をくるりと巻く。
4　三杯酢をつくり、3の大根を漬け込む。すぐに食べられるが、2〜3日おくと味がしみる。

氷頭(ひず)なます

いくらなます

〈つくり方〉
1　氷頭を薄切りにして塩をして一晩おく。酢で洗い、ひたひたの酢につける。
2　大根とにんじんでなますをつくり、氷頭と合わせる。
◎市販のなますになった氷頭を使ってもよい。

〈つくり方〉
大根とにんじんでなますをつくり、いくらと和える。

なます

正月の料理に大根のなますは
欠かせません。
味の濃い料理が多い
正月料理の中では
箸休め的な存在。
酢の物なので日持ちします。

基本の紅白なます

〈材料〉4人分
大根…400g
にんじん…40g
塩…小さじ1強(6.6g・野菜の1.5%重量)
【合わせ酢】
酢…大さじ3弱
砂糖…大さじ1
塩…小さじ2/3

〈つくり方〉
1　大根、にんじんはそれぞれ皮をむいてせん切りにする。
2　塩をまぶし、水分が出てきたらよくもむ。しばらくおいて水分をしぼる。
3　合わせ酢の材料を混ぜて、2を和える。

柿なます

〈つくり方〉
干し柿は太めのせん切りにする。大根だけのなますをつくり、干し柿と和える。

◎好みでにんじんを入れてもよい。少なめにすると、干し柿が映える。

ぶりなます

〈つくり方〉
1　ぶりは塩をして一晩おく。酢で洗い、小さいそぎ切りにしてひたひたの酢につける。
2　大根とにんじんでなますをつくり、ぶりと合わせる。白ごまをふる。

　「日本の食生活全集」によると、昭和初期の正月では、沖縄県や鹿児島県などの一部を除き、ほぼ全国的につくられていました。大根とにんじんが定番ですが、それ以外にもバリエーションがあります。
　石川県でつくられているぶりなますは、もともと保存食だった塩ぶりを塩抜きして使っていたようです。魚介を使ったものには、鮭の鼻先の軟骨部分、氷頭のなますもあります。これは年末に入手する新巻鮭などでつくられており、北海道や北東北で見られます。そのほか、岩手県のいくらとあわび入りのなます、神奈川県のさざえを酢味噌で和えたなます、秋田県のたこの吸盤入り、香川県のさわら入りなど、その土地でとれた魚介をいかしています。
　一方で、果物と組み合わせたものもあります。柿なますはにんじんの代わりに干し柿を入れたなますで、山形県、宮城県、岐阜県、奈良県などで見られます。ゆず巻きは形は違いますが、埼玉県では正月になます代わりにつくられていたようです。関東地域や山梨県でも見られ、お茶うけにもされていました。

切り干し大根
いろいろなつくり方とそのレシピ

　甘辛い煮物が定番の切り干し大根ですが、多国籍創作料理店の店主・平石雅子さんは、さまざまな料理に切り干し大根を使っています。即席漬けになます、肉炒め。炊き込みご飯や味噌汁には乾燥したまま入れて、大根のうま味ごと利用します。水で戻した大根は加熱せずに使えるので、ナンプラーやレモン汁で和えて、タイ風サラダにすることも。「どんな料理にも入れられて、うま味もあって、料理のボリュームも出る。私にとってはお助け食材なんです」

　平石さんはお店を営むかたわら、近所の畑を借りて野菜も育てています。冬にたくさんとれる大根を保存するために切り干し大根をつくり始めました。「どうせなら市販品にない形にしたい」と、輪切り、いちょう切り、リボン状など個性的な形にしています。切り方で食感はもちろん、味まで変化するそう。「このあたり（茨城県つくば市）は筑波山から寒風が吹き降ろすので、太切りでもよく乾きます。煮物に入れると歯ごたえがいいし、大根の甘みも強くなっておいしいんですよ」

　大きな大根も干せばぐっとかさが減ります。平石さんにいろいろな切り方と乾燥のポイント、レシピを教えてもらいました。

切り干し大根づくりの手順

1 切る

12〜2月の気温が低く、乾燥した晴天が続くときに作業する。大根を包丁やピーラーなどで好みの形に切る。皮はむかなくてよい。

2 干す

できるだけ重ならないように、大根をザルに広げて数日〜10日干す。1日1回上下を返す。夜や雨の日は屋内に入れる。

3 できあがり

触ったときに湿った部分がなく、折り曲げたときにやや弾力があるくらいになったら完成。ポリ袋などに入れて冷暗所で保存する。

平石さんに聞く 干すときのポイント

●大根を切る厚み

干すとかなり小さくなるので、私は7〜8mmのやや厚め（せん切りは幅も同様に）に切ります。ただ、冬場氷点下になる日もある寒くて乾燥した地域ではこの厚みでも乾きますが、比較的温暖な地域では、5mm程度が失敗しにくく、食感や風味も楽しめるでしょう。切り方が違っても表面積を同程度にすると干し上がりがそろうので、同じザルに干すものは一度に取り込めます。

●干す場所

大根をのせたザルは、裏側も風が通るよう、高さのある台に置きます。場所は土ぼこりの立ちにくいアスファルトや芝生の上に。吊り下げ式の干しかごも便利です。

●乾燥中の管理

・全体が乾くよう、1日1回は大根の上下を返します。傷みやすいので、触るときは清潔な手で、必要以上いじらないようにし、干し始めの水分の多い時期は、割り箸などを使いましょう。縮んですき間ができたら、重なった大根を広げて乾きやすくします。

・夜露にぬれないように夜間は室内に入れ、ほこりと湿気よけに新聞紙をかぶせます。雨が降った場合も同様です。
・せん切りやいちょう切り、ひらひら切りなどの軽いものは、干し上がりが近くなると風で吹き飛ぶことがあります。ザルをかぶせたり、小さいネットに入れて吊り下げます。

★保存について

干し上がった大根は、寒い時期は常温で保存できます。春になり気温が上がったら、カビが生えたり褐変（変色）しないよう冷蔵庫に。1年を目安に食べきります。

大量に干すときは網戸を使う。通気性がよく裏側も乾きやすい。ビールケースにのせて風の通りもよくしている（平石さん撮影）

● せん切り　乾きやすく、何にでも使える定番の切り方

〈つくり方〉
大根を1/4長さ（8〜10cm）に切り、繊維に沿って端から細く切り、干す。せん突きで細めに突いてもよい。
・干す期間：5日

〈使い方〉
水で戻して、そのままサラダや和え物にする。束にして肉巻きや生春巻きなどの芯にしても食べごたえがありおいしい。味噌汁や炊き込みご飯には水で戻さずに使える。
・戻し時間：5〜15分

ソムタム風サラダ

青パパイヤの代わりにシャキシャキの大根を使って

〈材料〉3〜4人分
せん切りの切り干し大根…20g
きゅうり…1本（細切り）
にんじん…4cm程度（せん切り）
ミニトマト…5個（半分に切る）
青ねぎ…3本（4cm長さに切る）
紫玉ねぎ…1/2個（薄切り）
カリフラワー…100g（小さく分けゆでる）
かいわれ大根…適量
干しえび…適量
A ┌ にんにく…1/2かけ（みじん切り）
　│ 青唐辛子（赤でも可）…1本（小口切り）
　│ ライムまたはレモンのしぼり汁…1個分
　└ ナンプラー、砂糖…各大さじ2　酢…大さじ4

〈つくり方〉
1　切り干し大根は水でために戻し、水気をしぼる。
2　ボウルにAを入れて混ぜる。1と残りの材料を加えて和える。野菜から水分が出るので、食べる直前に和える。
◎ソムタムは、ラオスやタイで食べられる細切りの青パパイヤのサラダ。ここではパパイヤの代わりに切り干し大根を使う。コブミカンの葉を入れてもおいしい。

肉巻き

〈材料〉4個分
せん切りの切り干し大根…10g
豚薄切り肉…4枚（小さければ8枚）
青菜（小松菜、ほうれん草など）
　　…適量
小麦粉…適量
A ┌ バルサミコ酢…大さじ3〜4
　│ 醤油…小さじ1
　└ 砂糖…小さじ1/2（なくてもよい）
植物油…適量

〈つくり方〉
1　切り干し大根はやわらかくなるまで水で戻し、水気をしぼる。青菜はゆでて、食べやすい大きさに切る。
2　豚肉を広げて1を芯にして巻き、小麦粉をまぶす。
3　フライパンに油を熱し、2を入れて肉に火が通るまで焼く。合わせたAを入れて煮からめる。

肉と甘辛いたれで大根がたっぷり食べられます

● 輪切り・いちょう切り

炒め物に、漬物に、パリパリの歯ごたえが楽しめる

〈つくり方〉
好みの厚さに輪切り、いちょう切りにして干す。
・干す期間：1週間～10日

〈使い方〉
【輪切り】
大きく、食べごたえがあるので汁物や煮物、汁気のある炒め物に向く。やわらかく肉厚で、汁をよく吸うのでジューシーな味わいになる。

【いちょう切り】
水で戻して、そのままサラダや和え物にする。調味液漬けにしてもおいしい。
・戻し時間：15分

乾燥したまま漬けるだけ
ご飯がすすむ味と食感です

はりはり漬け

〈材料〉2～3人分
いちょう切りの切り干し大根
　…30g
A ┌ 酢…大さじ4
　│ 砂糖…大さじ3強
　│ 醤油…大さじ3
　│ 赤唐辛子…2本（小口切り）
　└ 昆布…3cm（細切り）

〈つくり方〉
1　小鍋にAを入れ、砂糖が溶けるまで加熱する。
2　切り干し大根を戻さずそのまま1に加えて軽く混ぜる。3時間ほどしたら食べられる。汁ごと密閉容器などに移せば冷蔵庫で保存できる。

豚ばら大根

〈材料〉2～3人分
輪切りの切り干し大根…20g
豚ばら薄切り肉…100g
　（食べやすい大きさに切る）
A ┌ 切り干し大根の戻し汁
　│　…1/2カップ
　│ 砂糖、醤油…各大さじ2
　│ みりん…大さじ1
　└ 赤唐辛子…1本（種をとる）
白ごま…少々

〈つくり方〉
1　切り干し大根はやわらかくなるまで水で戻し、水気をしぼる。
2　フライパンに豚肉を入れて炒める。油はひかない。肉の色が変わったら1を加えて炒める。Aを加え、汁気がなくなるまで煮る。器に盛り、白ごまを散らす。

大根が肉のうま味を吸った
コクとボリュームのあるおかず

● ひらひら切り　やわらかく、味なじみがいい。ピーラーを使うお手軽切り干し

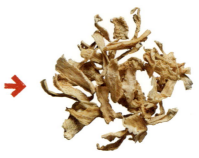

〈つくり方〉
ピーラーで縦に2～3mm厚さにむいて干す。刃先をぴったり当て、一定の厚みになるようにむく。
・干す期間：4～5日

〈使い方〉
薄くて表面積が大きく、調味料がからみやすいので、水で戻してそのままサラダや和え物にしたり、炒め物に入れたりする。
・戻し時間：5分（使いやすい長さにはさみで切ってから戻す）

なます

> ふわっと軽い歯ごたえ
> 正月料理にもぴったり

〈材料〉2～3人分
ひらひら切りの切り干し大根
　…20g
好みのドライフルーツ
　（ドライマンゴー、干し柿
　など）…20g（細切り）
┌ 酢…大さじ4
│ 砂糖…小さじ2
└ 塩…小さじ1/3

〈つくり方〉
1　切り干し大根は食べやすい長さに切る。水でかために戻し、水気をしぼる。
2　ボウルに調味料を合わせ、1とドライフルーツを加えて和える。

コチュジャン炒め

〈材料〉2～3人分
ひらひら切りの切り干し大根…20g
おつまみ用さきいか…適量
┌ コチュジャン…大さじ1
│ 醤油…小さじ1
A│ 砂糖…大さじ1
│ みりんまたは酒…大さじ1
└ にんにく…1/2かけ（すりおろす）
ごま油…適量
白ごま…少々
青ねぎ…少々（小口切り）

〈つくり方〉
1　切り干し大根は食べやすい長さに切る。水でかために戻し、水気をしぼる。
2　フライパンにごま油を熱し、1を入れてよく炒める。
3　弱火にし、さきいかとAを加えて汁気がなくなるまで炒める。器に盛り、ごまとねぎを散らす。

> ピリ辛風味のたれがからんで
> ご飯にもお酒にも合います

● 太切り　厳しい寒さと乾燥をいかして、甘みをぎゅっと凝縮

〈切り方〉
大根を1/4長さに切る。断面を下にして置き、縦横2cm幅の拍子木切りにする。

〈干し方〉
夜間の気温が氷点下になる日が1週間程度続く時期をねらって干す。ザルなどに並べ、最初の1週間は昼夜外に出しっぱなしにして凍みさせる。ある程度水分が出たら、その後の1週間は夜間は室内に取り込む。表面がカラカラになり、干す前より軽くなっていたら干し上がり。

〈使い方〉
スカスカになっているので、味がしみやすく、煮物に向く。戻して水気をしぼったら、直接調味液などに入れて煮る。甘みが強いので、砂糖は入れなくてもよい。コリコリとした食感になる。
・戻し時間：30分

　ほかの切り干しとつくり方が異なります。厚く太く切り、夜も外に干しっぱなし。夜間低温にさらされた大根は中の水分が凍り（凍み）、昼間気温が上がると融けて外に流れ出ます。これを何日か繰り返すと水分が抜けて、スカスカになります。煮物にすると味がよくしみておいしいので、冬場氷点下の日が続き、乾燥する地域の人はぜひ試してください。

　東北や北関東、甲信地域では、「凍み大根」といって、昔から大根を凍結乾燥して保存してきました。干し時間はもっと長く、ゆでてから干すつくり方もあります。

煮物

〈材料〉3〜4人分
太切りの切り干し大根…75g
にんじん…10cm程度（5cm長さの拍子木切り）
さつま揚げ…2枚（約100g）（5cm長さの拍子木切り）
植物油…適量
A ┌ 切り干し大根の戻し汁…1と1/2カップ
　│ 醤油…大さじ1　酒…大さじ1
　└ みりん…大さじ2

〈つくり方〉
1　切り干し大根は30分以上かけてやわらかくなるまで水で戻す。戻し汁はとっておく。
2　鍋に油を熱し、水気をしぼった1の大根とにんじんを入れて炒める。Aとさつま揚げを加えて弱火で15〜20分煮る。

大根の甘みをいかした一品
噛むたびうま味が出てきます

白菜

グリルで香ばしく、干して甘み・うま味を凝縮

■どんな野菜？
原産地は中国。冷涼な気候を好み、気温が高いと病害などが出やすい。結球期は15℃が適温。夏まき秋冬どりが多い。

■保存のポイント
貯蔵最適温度：0℃
貯蔵最適湿度：95〜100%
エチレン感受性：中〜高（p8 参照）

グリル白菜

〈材料〉2人分
白菜…1/4個（縦に半分に切る）
オリーブオイル…大さじ1
アンチョビ…1尾（細かくたたく）
粗びき黒こしょう…少々
パルメザンチーズ（粉）…少々

〈つくり方〉
1　フライパンにオリーブオイルを熱し、強めの中火で白菜を両面焦げ目がつくまで焼く。
2　アンチョビを入れ、フライパンを回して白菜にまとわせる。
3　白菜を皿に盛り、黒こしょう、チーズをふる。ナイフで切って食べる。

強火で白菜の表面を焼きつけて
ミディアムレアで食べるイメージです。
パンチのある味つけですが、
白菜のみずみずしさでぺろりと食べてしまいます。

肉だねに入れたはんぺんとご飯が
汁をよく吸い、ジューシーな味わいになります。

ロール白菜

〈材料〉12個分

白菜…1/2個(肉だねを巻けるサイズを12枚)

A ┌ 豚ひき肉…400g
  │ はんぺん…1枚(小さくちぎる)
  └ こしょう…少々

ご飯…100g

B ┌ うす口醤油…大さじ2
  │ みりん…大さじ2
  └ だし汁…500mℓ

〈つくり方〉

1 白菜は芯に近い部分が巻きやすいやわらかさになるまで、下ゆでする。

2 ボウルにAを入れてよく混ぜる。はんぺんは形が残ってもよい。ご飯を加えて軽く混ぜ、12等分して俵形にする。ご飯はつなぎになる(肉だね)。

3 1の白菜に2の肉だねをのせ、葉の左右を折り込んで巻く。肉がはみ出す場合は、残った白菜でカバーする。

4 3がすべて平らに入る大きさの浅めの鍋にBを入れ、3を並べる。落とし蓋をして30〜40分煮る。

◎はんぺんとご飯は好みのかたさにつぶす。ある程度形を残すと、だし汁がしみておいしい。肉だねにえびなどを入れてもよい。

◎白菜は縦に長いので、キャベツよりも肉だねを巻きやすく、半端な葉が出にくい。

> **MEMO**
> 千葉県の五月女めぐみさんは、キャベツや白菜の大きな外葉はロールキャベツやロール白菜にします。「捨てる部分」と考えず、特徴をいかして使い切るそうです。

白菜を少しだけ干して水分を抜くと甘みが強くなり、味も濃くなります。さば缶のうま味に負けないくらい白菜が主張するシンプルなスープです。

干し白菜と
さばの塩スープ

〈材料〉4人分
白菜…1/4個*
さばの水煮(缶詰)…1缶
水…3カップ
塩…適量(サバ缶の塩気に合わせる)

*縦に4つ割りにしたもの。

〈つくり方〉
1　白菜は全体がしんなりするまで半日〜1日干す。
2　白菜は食べやすい大きさに切り、鍋に分量の水と一緒に入れ、中火で煮る。
3　白菜に火が通ったらさばの水煮を汁ごと加え、塩で味を調える。

◎塩の代わりにめんつゆを加え、うどんを入れてもおいしい。

> 白菜は干すとしなっとして見た目はイマイチになりますが、うま味が凝縮し、食感も変わります。シンプルに味わうならスープがおすすめ。白菜の濃い味が出ます。お好み焼きのキャベツのように使ったり、中華炒めにしてもおいしいですよ。にんにくと唐辛子で香りをつけた油で、水が出なくなるまでじっくり炒めたペペロンチーノは、濃厚なだしを加えたような味になります。(溝口優子さん)

葉を少しずつずらして干すと内側までよく乾く

実験

白菜のセミドライ、
干せば干すほどおいしくなる？

干し白菜は、半日干しただけで食感が変わり、うま味が濃くなりました。このまま干し続けたらもっとおいしくなるのでは……？ 調べてみました。

実験の方法

1/4に割った白菜をザルにのせ、天日で干す。半日、2日、3日干したものをそれぞれスープと炒め物にして、生の白菜（重さ715g）でつくったものと比べる。

結果

〈半日〉582g（−133g）
全体がしんなり。芯は表面だけ乾いて、まだみずみずしさがある。
スープ：食感は生と変わらない。白菜の味が濃く、甘みも感じる。
炒め物：ややべちゃっとした仕上がりになったが、歯ごたえがあり、白菜の味も濃い。

〈2日〉531g（−184g）
芯も含めて全体がしんなり。葉の緑色が濃くなっている。
スープ：食感、味ともに半日干したものとあまり変わらない。
炒め物：炒めているときに水分があまり出ず、きれいに焼き色がついた。白菜の味をしっかり感じる。

〈3日〉504g（−211g）
芯も含めて全体が縮んだ感じ。生乾きの洗濯もののようなにおいがしたため、食べるのを断念。

考察

干すほどうま味が増すかと思ったら、スープは半日も2日も味に違いは感じなかった。ただ炒め物は水分が減るほど香ばしく仕上がる。気軽に1/4個をどんと干すなら半日で十分で、スープにするのがいい。炒め物にするなら、2日干してもいい。葉を1枚ずつ切り離して乾きやすくすれば、もっと長く干せるかも。

干す効果について、もっとくわしい説明

元八戸工業大学の青木秀敏先生の実験によると、白菜を3時間天日干しするだけで、うま味成分のアミノ酸が1.8倍になり、糖分や抗酸化性（人体に害のある活性酸素を除去する能力）も、水分の減少率以上に増加したとのこと。このような栄養素の増加は、室内で干したときには見られなかったことから、植物が太陽の光や乾燥から自分の体を守ろうとする防御反応ではないかと考えられている。

〈生の白菜〉　　〈半日〉　　〈2日〉

白菜とりんごのサラダ

内側の若い葉はやわらかくて甘い！
りんごを合わせてさっぱりといただきます。

〈材料〉4人分
白菜の葉…2枚（約150g・4cm
　長さの細切り）
りんご…1/4個（皮つきのまま
　4cm長さの細切り）
ルッコラ*…70〜80g
　（4cm長さに切る）
好みのナッツ（くるみ、カシュ
　ーナッツ、アーモンドなど）
　…30g（粗く刻む）
粉チーズ…大さじ1
オリーブオイル…大さじ2
塩…小さじ1/4
酢…小さじ2
粗びき黒こしょう…適量
*サラダからし菜など辛みがあっ
たり、味のアクセントになる葉物
がおすすめ。

〈つくり方〉
1 オリーブオイル、塩、酢を混ぜ合わせ、野菜、りんごと和える。
2 全体がなじんだら、ナッツと粉チーズを加えて混ぜ合わせる。器に盛り、黒こしょうをかける。

MEMO
生で食べるときは、葉先は横にせん切り、葉柄は縦のせん切りにするとシャキシャキ感を味わえます。

白菜のおから和え

しっとりしたおからを和え衣にしました。
チーズとくるみが味のアクセントです。

〈材料〉4人分
白菜…1/4株（細切り）
にんじん…1/2本（細切り）
くるみ…30g（炒って刻む）
おから…200g
塩麹*…大さじ3
黒こしょう…少々
粉チーズ…大さじ1〜2

〈つくり方〉
おからに塩麹、黒こしょう、粉チーズを入れて混ぜ、野菜とくるみを加えて和える。少し時間をおいて、野菜をしんなりさせてもよい。

*塩麹…米麹350g、塩100g、60℃以下の湯2カップを混ぜて常温で1日1回かき混ぜる。1週間で完成。

白菜のおひたし

〈材料〉4人分
白菜…1/4個（芯ごと）
醤油、かつお節…適量

〈つくり方〉
1 大鍋に湯を沸かす。白菜は切らずに芯ごと入れ、くたくたになるまで15〜20分ゆでる。
2 ザルにあげ、上に皿をのせて重石をし、水気をしっかり切る。
3 触れるくらいに冷めたら芯を切り落とし、葉を食べやすい大きさに切る。器に盛り、醤油とかつお節をかけて食べる。

◎黒ごま、砂糖、みりん、醤油、味噌と和えてごま和えに、ごま油と塩と和えてナムルにしてもおいしい。

ゆでて甘みが増した白菜を
さっぱり味でたっぷり食べます。

農家に嫁いで、青菜じゃなく白菜をおひたしにすることにびっくりしました！レシピと呼ぶのをためらう簡単さですが、間違いなく量をたくさん食べられるのでおすすめです。（谷江美さん）

秋から冬
ふるさとの野菜料理

昭和初期は多くの地域で、冬の間ずっと食べられるように白菜を樽で漬けていました。
『日本の食生活全集』(p23参照)から、東京都東久留米市での当時の暮らしと料理を紹介します。

白菜漬け
〈東京都東久留米市〉

秋の終わりから冬、春先までの毎日のおかずは、味噌汁とこうこだけの日が多いが、こうこはほとんどが白菜漬である。

四斗樽二本で、一樽分を食べ切ると次の樽のが食べごろになるよう、漬ける時期をずらして、切れ目なく食べられるように漬ける。甘みの残る漬きごろは本当においしく、どんぶり一杯出してもすぐなくなるほどである。春彼岸ごろまで食べるが、暖かくなり漬かりすぎてべっ甲色になると、塩抜きして水気をしぼり、油で炒めて食べる。

『聞き書 東京の食事』より
執筆:池田光子

〈材料〉約9ℓの樽1つ分
白菜…1株(2kg)
塩…40g(白菜の2%重量)
2%の食塩水…600㎖

〈つくり方〉
1　白菜は傷んだ外葉を取り除いて洗う。
2　白菜の根元に包丁を入れて、手で2つか4つ割りにする(写真a)。
3　1日陰干しする。
4　白菜の重さを量り、塩の量を決める。
5　容器に切り口を上にして白菜を並べ、塩をふる。これに直角の方向に白菜を重ね(写真b)、塩をふる。これを繰り返す。上のほうは塩が多めになるようにする。
6　押し蓋をして、白菜の倍の重さの重石をのせる(写真c)。
7　食塩水を差し水して、蓋をする。
8　1〜2日して水が上がってきたら、白菜の上下を入れ替える。
9　冷蔵庫や、10℃以下の涼しい場所に保管する。常に食塩水に浸っている状態にする。7〜10日で食べ切る。
◎長期保存する場合は、ふる塩、食塩水を18〜24%の塩分で漬ける。

a

b

c

古漬けを炒める

酸っぱくなってきた古漬けの白菜を適当に切り、水気をしぼってごま油で炒める。醤油をひと回しかけ、手でつぶした白ごまをふる。

本格白菜キムチを仕込む

樽でどっさり！

　冬の白菜をおいしく食べるなら、キムチがおすすめ！　手間と時間をかけて仕込むなら少しだけじゃもったいない。樽でどーんと漬けましょう。漬物からスイーツまで、多様な食品加工のワークショップを開く平石雅子さんに、シンプルな材料でつくる本格キムチを教わりました。

　毎年12～1月に開催している平石さんのキムチづくりワークショップでは、1人暮らしの人もマンション住まいの人も白菜2個、約4kg分漬けるのが定番といいます。使うのは高さ30cmほどの漬物樽。冬はベランダでも保存できるので、置き場所には意外に困らないそうです。

　材料は手に入りやすいよう、極力シンプルにしていますが、キムチの味を決める"ヤンニョム"は、本場韓国と同じアミの塩辛と、韓国唐辛子を使うのが平石さんのこだわり。「いかの塩辛を使うレシピもあるけど、塩分が少ないのでキムチが日持ちしないんです。韓国唐辛子は日本のものより辛みがマイルド。辛いだけのキムチにならないのがいいですね」

　ひと樽漬ければ、そのまま食べるだけでなく、味の変化を楽しんだり、料理にアレンジできます、と平石さん。たっぷり漬けて、冬の白菜を長く楽しみましょう！

白菜キムチの漬け方

〈材料〉18〜20ℓの樽 1個分
白菜…4kg（2株程度・大きい外葉のついたもの）
粗塩…干した後の白菜の4％重量
水…2ℓ程度

【ヤンニョム】
  大根…1本
  粗塩…大さじ2
玉ねぎ…1個
長ねぎ…1本（青い部分は除き、カクテキ用にとっておく）
にら…1束
にんにく…100g
しょうが…30g（皮ごと）
りんごまたは梨*…1個（皮ごと）
粉唐辛子**…100〜150g
アミの塩辛***…100g
ナンプラー…60㎖
砂糖…大さじ2
蜂蜜…大さじ2

＊梨を使うとより甘みが強くなる。
＊＊日本の唐辛子に比べて辛さのマイルドな、韓国の唐辛子の粉。韓国食材店や通販で購入できる。
＊＊＊アミは小さなエビの仲間。韓国食材店や通販で購入できる。

〈道具〉
漬物樽*、重石**、ザル、大きめのボウル、バット、漬物用ポリ袋、ゴム手袋　など

＊18〜20ℓ容器がおすすめ。それより小さいと、下漬けの際に白菜がはみ出して蓋が閉まらないことがある。
＊＊白菜の半重量〜同重量。大皿や水を入れたペットボトルでもよい。

粉唐辛子について

キムチ用の粉唐辛子は辛さに段階がある。はじめは「甘口」を使い、慣れてきたら好みで一部を「中辛」や「辛口」に置き換えるのがおすすめ。また、タネごと粗くひいた「粗びき」、粉末状の「細びき」、中間の「中粗びき」などひき方にも種類がある。粗いと香りが強くなり、細かいとキムチにまんべんなく色がつく。キムチには細びきと粗びき（または中粗びき）をブレンドして使うことが多いが、どちらか片方だけでもつくれる。

作業スケジュール

キムチは低温でゆっくり発酵が進むことでうま味が出ておいしくなる。気温が高いと作業中にも発酵が進んでしまうので、なるべく気温が1桁になるような寒い日に仕込むとよい。

前日
〔午後〕
・白菜を天日で干す（4時間）
・白菜を塩漬けする（一晩）

当日
〔午前〕
・塩漬けした白菜を洗い、水気を切る（4時間）
・ヤンニョムをつくる

〔午後〕
本漬けする

10日〜2週間

できあがり

※冬場の場合。気温が高いと発酵が早く進む。

① 塩漬けする

キムチのおいしさを決める
大事な作業です。
水洗い後に味見をし、
漬物としては浅漬けで、
やや物足りないくらいの
塩加減と食感ならOK。
味や食感が落ちるので
漬けすぎないようにしましょう。

a （手で割くと葉がバラバラにならない！） b

c

d

1 白菜は根元に包丁で10cmほどの切り込みを入れ、手で4つか6つに割く（写真a）。余計な水分を飛ばすため、ザルに並べて天日で4時間ほど干す。中心部を上に向けると乾きやすい。

2 葉の表面が乾いて反ってきたら重さを量り、塩の量を決める。半量を残し、塩を葉にまぶす。1枚ずつ、芯のほうは多め、最後に断面にもすり込む（写真b）。

3 残りの塩を分量の水に溶かし、樽に注ぐ（差し水）。**2**の白菜を詰め（写真c）、白菜の半重量～同重量の重石をして一晩漬ける。

4 白菜が半分に折り曲がるくらいのしなやかさになったら取り出す（写真d）。2～3回ためすすぎして塩を落とし、味見をする。葉先を軽くしぼってザルに並べ、4時間ほど水気を切る。中心部を横か下に向けると水がよく切れる。ちぎれた葉も本漬けで使うので一緒に並べる。

❷ ヤンニョムを つくる

唐辛子や香味野菜、塩辛、
果物など複数の食材を
混ぜ合わせることで
複雑な味わいが生まれます。
時間がたつと味が落ちるので、
白菜の水切りが終わる頃を
見計らってつくりましょう。

b 大根が折れないように ふわっと混ぜる

c 切った野菜は ほぐして入れると 均一に混ざりやすい

d 大根の水気をしっかり しぼるとヤンニョムが 水っぽくならない

1 大根は皮をむいてせん切りにする。繊維を断つと水が出すぎて歯ごたえがなくなるので、繊維に沿って切る（写真a）。

2 塩を全体にまぶし（写真b）、水分が出るまで20〜30分おく。

3 玉ねぎは薄切り、ねぎは斜め薄切り、にらは4〜5cm長さに切る。にんにく、しょうが、りんごはすりおろす。ボウルにすべて合わせる（写真c）。

4 3に水気をしっかりしぼった1の大根と、残りの材料をすべて加えて全体をよく混ぜる。唐辛子に素手で触れると手が痛くなるので手袋をする。表面を平らにして20分ほどおき、なじませる（写真d）。味見をし、辛くしたければ唐辛子、甘くしたければ蜂蜜か砂糖を足す。

45

③ 本漬けする

最後に白菜にヤンニョムをまぶします。葉に風味が移るように手で塗りつけます。漬け込む際は、空気に触れて酸化しないよう、なるべく隙間なく樽に詰めましょう。

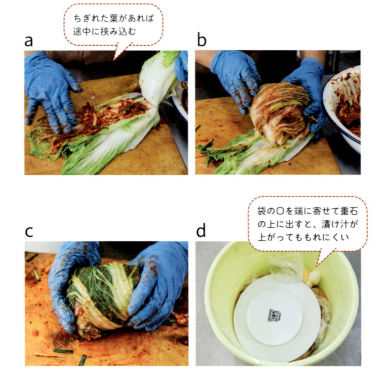

a　ちぎれた葉があれば途中に挟み込む

d　袋の口を端に寄せて重石の上に出すと、漬け汁が上がってももれにくい

1　水切りした白菜を軽くしぼり、ヤンニョムを白菜の数に等分する。白菜の中心部を上に向けておく。いちばん外側の葉を残し、葉を外側から1枚ずつめくり、葉の内側にヤンニョムを塗りつける（写真a）。

2　全部の葉に塗ったら、いちばん外側の葉を残して全体を半分に折りたたむ（写真b）。

3　ヤンニョムがこぼれ出ないようにいちばん外側の葉を巻きつけ、両手で軽く押さえて形を整える（写真c）。残りの白菜も同様にする。

4　樽に漬物用ポリ袋をかぶせ、白菜を詰める。重石が均等にかかるようになるべく平らにする。空気を抜きながら袋の口を縛り、500g程度の重石をのせ冷暗所に置く（写真d）。10日〜2週間ほどして味がなじんだら食べごろ。

キムチの保管・食べ方について

樽は凍らない程度のなるべく気温の低い場所に置き、食べる分だけその都度取り出します。食べ進めていき、白菜が漬け汁に浸るようになったら重石ははずしてかまいません。日がたつと乳酸発酵が進んでまろやかな酸味が出てくるので、味の変化を楽しみましょう。

● 酸っぱくなったら冷蔵、冷凍

気温が上がり、酸っぱくなって「これ以上発酵を進めたくない」と思ったら樽から全部取り出し、チャック付きポリ袋に漬け汁ごと入れて冷蔵しましょう。発酵が緩やかになります。冷凍もできますが、白菜の細胞が壊れてくたくたになるので、そのまま食べるよりも炒め物や鍋、汁物に入れるのがおすすめです。

白菜キムチと一緒に仕込もう!

カクテキ
仕込んだその日に食べられるお手軽な大根のキムチ

〈材料〉つくりやすい分量
- 大根…1本
- 塩…大さじ1
- にんにく…4〜5かけ
- しょうが…1かけ(皮ごと)
- 長ねぎ(青い部分)…10㎝
- 粉唐辛子…大さじ3
- アミの塩辛…小さじ2
- 砂糖…大さじ1
- ナンプラー…小さじ1
- 白すりごま…適量

〈つくり方〉

1　大根は1.5㎝角に切る。ボウルに入れて塩をまぶし、40分おく。

2　水を捨てて大根を洗う。味見して、表面だけほんのり塩気があり、中心部は大根の味が残る状態になっていればベスト。ザルにのせ、自然に水が切れるまで1時間ほどおく。

3　にんにくとしょうがはすりおろし、ねぎはみじん切りにする。

4　大根と3と残りの材料を和える。味見をし、適宜調味料を加える。3時間ほどおいてなじませる。

> フレッシュな
> キムチで!

キムチのトーストサンド

〈材料〉4切れ分
食パン…4枚(8枚切り)
キムチ…適量
きゅうり…1本
卵…3〜4個
塩…少々
植物油…大さじ1
マヨネーズ…大さじ2程度

〈つくり方〉
1　卵は溶きほぐし、塩を加える。フライパンに油を熱し、厚焼き卵をつくる。パンの大きさに合わせて切る。
2　食パンはトーストする。キムチは食べやすい大きさに切り、汁気を軽くしぼる。きゅうりは斜め薄切りにする。
3　トーストの片面にマヨネーズを塗り、卵、キムチ、きゅうりをはさむ。食べやすい大きさにカットする。
◎焼いたベーコンやハム、チーズを一緒にはさんでもおいしい。

> できたてのキムチはシャキシャキで、さわやかな風味が特徴。生野菜の感覚で使っています。卵やマヨネーズ、チーズなどの乳製品と合わせると味がまろやかになって、料理になじみやすくなりますよ。
> （平石雅子さん）

じゃがいもとセロリのキムチ鍋

〈材料〉2人分
キムチ…100g
豚薄切り肉…150g
じゃがいも…3〜4個
セロリ…1本
キムチの漬け汁…適量
だし汁…適量
ナンプラー（または醤油）…適量

〈つくり方〉
1　じゃがいもは皮をむいて乱切りにし、かために下ゆでする。
2　セロリは斜め切りにする。キムチは食べやすい大きさに切る。
3　鍋にキムチ、漬け汁、だし汁を入れて味をみる。じゃがいもが汁をよく吸うので、だし汁を多めにし、塩気を少なめにしておく。味が薄い場合はナンプラーを加える。
4　鍋を火にかけ、沸騰したら豚肉を入れる。火が通ったらじゃがいもを加える。再び沸騰したらセロリを加えてさっと火を通す。

> うま味たっぷりの漬け汁は、鍋や汁物のベースにもってこい。単体では味が薄いので、適宜だし汁や調味料を足します。味噌汁や豚汁、なべ焼きうどんなどにも使っています。

漬け汁ごと使って！

酸っぱくなった古漬けで！

キムチのステーキ

〈材料〉
キムチの古漬け*
　…1かたまり
ごま油…大さじ1
ナンプラー（または醤油）
　…適量

＊焼く前にキムチを味見する。塩気が十分ならナンプラーは加えなくてもよい。

〈つくり方〉
1　フライパンにごま油を熱し、キムチを切らずにのせて焼く。
2　焼き目がついたらひっくり返し、両面こんがりと焼く。仕上げにナンプラーを回しかける。器に盛り、食べやすい大きさに切る。
◎仕上げに溶き卵を入れて卵とじにしてもおいしい。味がまろやかになる。

> 白菜の古漬けを使った岐阜県名物「漬物ステーキ」をヒントにしました！古漬けは加熱すると酸味がやわらかくなり、乳酸発酵のうま味を強く感じます。炒め物や炒飯にも。

長ねぎ

加熱すると甘みが引き立ち、トロトロ食感

■どんな野菜？
原産地は中国西部。生育適温は15〜20℃だが暑さ寒さに強い。生育が遅く、タネまきから収穫まで9カ月以上かかる。全国的に秋冬どりが多い。

■保存のポイント
貯蔵最適温度：0〜2℃
貯蔵最適湿度：95〜100%
エチレン感受性：高（p8参照）

長ねぎグリル

〈材料〉4人分
長ねぎ…4本（青い部分を除き半分か1/3に切る）
オリーブオイル、塩、かつお節、酢など…適量

〈つくり方〉
1　グリルにねぎを並べて強火にかけ、ひっくり返しながら全面を焼く。
2　黒く焦げたらグリルから出し、皿に移す。焦げた皮をむき、とろっとした中の軸を食べる。オリーブオイルや塩などを好みでかける。何もかけずそのまま食べてもおいしい。

> **MEMO**
> 長ねぎの青い部分や白い部分の中心部にあるぬるぬるした物質は、糖とたんぱく質からなる成分で、免疫力を高める効果があるとされています。加熱するとこの成分が果糖に変わるため甘みが引き立ち、とろっとした食感になります。

焦げるまで強火で焼くとトロトロに。
ねっとりと甘く何本でも食べられます。

トロトロねぎと鶏の炊き込みご飯

〈材料〉3〜4人分
- 米…2合
- 酒…大さじ1
- 塩…小さじ1弱
- 水…320㎖
- 長ねぎ*…2〜3本(長さ3㎝に切る)
- ごま油…小さじ1
- 鶏もも肉…200g(1㎝角の細切れ)
- 酒…大さじ1
- 醤油…大さじ1
- 昆布…5㎝
- しょうが…薄切り3〜4枚(みじん切り)
- 油揚げ…1枚(短冊切り)
- 七味唐辛子、粉山椒…適量

＊根元の部分が太く、甘みのあるねぎでつくるとおいしい。

香ばしくとろける
ねぎがたっぷり。
ごま油と醤油が香ります。

〈つくり方〉
1　鶏肉はポリ袋に入れ、酒と醤油を加えてもみ込み、冷蔵庫に30分〜1時間おく。
2　ねぎはごま油をひいたフライパンで中〜強火で焼く。表面に焼き色がついたら裏返して焼き、冷ます。しっかり火を通さなくてよい。
3　米をといで炊飯器に入れて酒と塩を加え、分量の水を注ぐ。昆布、2のねぎ、1の鶏肉、しょうが、油揚げの順にのせて炊く。
4　炊けたら10分ほど蒸らして昆布を取り出し、全体をさっくり混ぜる。好みで七味唐辛子や粉山椒をふってもおいしい。

冬の寒さに耐えて甘みの増した葉物やねぎは、夏場のものとはまったく違います。お客さんには蒸し焼きにするのをおすすめしています。じっくり加熱することで、野菜の甘みを引き出します。とくにねぎはトロトロになっておいしいですよ。(甲田崇恭さん)

長ねぎと
ほたてのぬた

〈**材料**〉2～3人分
長ねぎ＊…1～2本（約100g・白い部分が多めになるようにする）
ほたて（刺身用）…4個（100g）
【ぬた味噌】
米味噌…大さじ1
みりん…大さじ1
酢…大さじ1
ゆずの皮…少々（すりおろす）
＊根元の部分が太く、甘みのあるねぎでつくるとおいしい。

〈**つくり方**〉
1　ねぎは3cm長さに切り、蒸し器で10分蒸して冷ます。ほたてはそぎ切りにする。
2　ぬた味噌の調味料を小鍋に入れ、かき混ぜながら弱火にかける。とろみがついたら火から下ろして冷ます。ゆずの皮を加えて混ぜ、1を和える。

ねぎは蒸すと水っぽくなりません。
酸味がきいた箸休めになる一品です。

ねぎとじゃがいもの
塩麹煮

〈**材料**〉4人分
長ねぎ…2～3本
　（青い部分も使い、5cm長さに切る）
じゃがいも…中2個（ひと口大に切る）
水…200ml
塩麹…大さじ2
甘酒…大さじ2
粗びき黒こしょう…適量

〈**つくり方**〉
1　黒こしょう以外の材料を鍋に入れてさっと混ぜたら蓋をし、中火にかける。
2　ねぎがくたくたになったら器に汁ごと盛り、黒こしょうをかける。

長ねぎとじゃがいもの素材の甘さが
おなかにやさしく懐かしい味。

ねぎをさっと焼いて漬けるだけ。
酒のつまみに、ご飯のお供に。

焼きねぎ漬け

〈つくり方〉
1　長ねぎを3〜4cmの長さに切る。緑の部分も好みで。
2　1をグリルやオーブントースターで少し焦げ目がつくまで焼く。
3　ごま油1：砂糖1：醤油2：サラダ油2：すりごま3の割合でボウルに入れてよく混ぜ合わせ、漬け汁をつくる。
4　2の焼いたねぎを温かいうちに3に漬ける。

外葉、茎、芯を
つなぎの米粉でパリッと焼いて。

余り野菜のお好み焼き

〈つくり方〉
1　キャベツの外葉、ブロッコリーの茎、ねぎの青い部分など、余り野菜をみじん切りにする。
2　米粉1：水1の割合で混ぜ、つなぎをつくる。
3　1を2に入れて混ぜる。フライパンに菜種油を入れて、食べやすい大きさに広げて両面を焼く。
4　好みで塩をつけていただく。
◎野菜は多めがおすすめ。できるだけ細かく切ったほうが野菜の味を楽しめる。

長ねぎ

鶏肉をマリネした
さっぱり華やかな一品。

鶏肉と長ねぎのグラタン

〈つくり方〉

1　鶏もも肉3枚をひと口大、長ねぎ3本を10cmに切り、ピュアオリーブオイル約100mlにレモンのスライス2個分、塩（肉の1.2％重量）、ローズマリー2本を加えたマリネ液に漬け、保存袋に入れて少しもみ、冷蔵庫に一晩おく。

2　鶏肉の皮目と長ねぎは焼いて焼き目をつける。

3　耐熱皿に長ねぎ、カマンベールチーズ（ピザ用チーズでも可）適量、鶏肉、レモンとローズマリーを順に重ね、180℃に温めたオーブンで10分焼く。

とれたてを焼くだけ、
簡単でねぎの甘みたっぷり。

ねぎのマリネ

〈つくり方〉

1　酢大さじ2、酒・みりん・醤油各大さじ1、蜂蜜大さじ1/2を合わせて火にかけ、煮立ったら火を止めて冷ます。

2　ねぎ4本を3〜4cmの長さに切り、包丁で浅く切り目を入れ、グリルで軽く焦げ目がつく程度に焼く。

3　2を器に移して、1をかける。好みでちりめんじゃこや白ごまをかける。

キャベツ

丸ごと豪快に。主菜にもなる食べ方いろいろ

■どんな野菜？
原産地は地中海沿岸。生育適温は15〜20℃で冷涼な気候を好む。病害虫の発生が少なく育てやすいのは、夏にタネをまき冬に収穫する冬どり。

■保存のポイント
貯蔵最適温度：0℃
貯蔵最適湿度：98〜100%
エチレン感受性：高（p8 参照）

シュラハトプラット

〈材料〉4人分
塩豚（下参照）…約500g
ザワークラウト（下参照）
　…約300g
ローリエ…1枚
ソーセージ…好みの量
じゃがいも…2〜3個
　（皮をむいて大きめに切る）
粒マスタード…適量

〈つくり方〉
1　塩豚は大きめに切り、かぶるくらいの水（分量外）を加え、弱火で1時間ほどアクをとりながら煮る。水がなくなったら足し、常に水に浸っている状態にする。
2　1にザワークラウト、じゃがいも、ローリエを加え、じゃがいもがやわらかくなり、ザワークラウトの酸味がまろやかになるまで弱火で加熱する。最後にソーセージを加え、5分ほど煮込む。味見をして、足りないようなら塩（分量外）を加える。
3　粒マスタードをたっぷりつけて食べる。

塩豚

〈材料〉つくりやすい分量
豚かたまり肉（豚ばら肉または
　豚肩ロース肉）…適量
塩…豚肉の3%重量

〈つくり方〉
豚肉の水気をふき取り、塩をすり込む。キッチンペーパー、ラップの順で包んで冷蔵庫で3日以上ねかせる。キッチンペーパーは毎日交換する。

ザワークラウト

〈材料〉400 ml瓶1本分
キャベツ…300〜400g
塩…キャベツの2%重量
ローリエ…1〜2枚

〈つくり方〉
1　キャベツは太めのせん切りにする。ボウルに入れて塩をまぶし、水分が出てしんなりするまでよくもみ込む。
2　瓶に1を水分ごと入れる。途中ローリエも入れて、すりこぎなどでぎゅっと押して詰める。出てきた水分にキャベツが完全に浸っていれば、蓋をする。水分が少なければ、キャベツの表面にラップをし、上から水を入れたコップなどで重石をして、水分が出るのを待つ。完全に浸ったらラップをとって蓋をする。
3　発酵とともにガスが発生するので、ときどき蓋をあけガス抜きしながら、酸味が出るまで常温で5〜7日おく。酸味が出て、緑色が黄色に変化したら、冷蔵庫で保存する。

◎嫌なにおいがしたり、カビが生えたり、粘りが出たときはうまく発酵していないので、食べないようにする。

ザワークラウトの酸味と塩豚の塩味が
絶妙な風味を生み出すドイツの家庭料理。

MEMO
キャベツは年中買えますが、本来は冬の野菜です。乳酸発酵させてつくるザワークラウトは、ドイツでは冬の野菜の貴重な保存食でした。4～5月にとれる春キャベツより、冬のかたいキャベツのほうが、歯ごたえよくつくれます。

トロトロに煮えたキャベツに
ばら肉のうま味がしみています。

キャベツの丸ごと蒸し

〈材料〉4人分
キャベツ…1玉
豚ばら肉…6枚（120g）
塩…小さじ1/5
かたくり粉…小さじ2
水…1/2カップ
中華スープの素…大さじ1
黒こしょう…適量

〈つくり方〉
1　キャベツは8等分に切り込みを入れて厚手の鍋に入れる。芯まで完全に切らないように注意。
2　豚肉は細かく切って塩をふり、かたくり粉をまぶし、キャベツの切り口に詰める。
3　鍋に水とスープの素を入れ、蓋をして中火にかける。
4　沸騰したら弱火にして20〜30分煮る。全体がトロトロになったらできあがり。仕上げに黒こしょうをふる。好みで溶けるチーズをのせてもよい。

じっくり焼くのがポイント。
香ばしさがたまりません。

キャベツのステーキ

〈材料〉4人分
キャベツ…1/2個
小麦粉…少々
オリーブオイル…大さじ3
にんにく…1かけ（薄切り）
塩…小さじ1/2
白ワイン…大さじ1
黒こしょう、マスタード
　…少々

〈つくり方〉
1　キャベツを縦に4等分にする。
2　切り口両面に小麦粉をはたく。
3　大きめのフライパンにオリーブオイル、にんにくを入れ、3〜4分じっくり弱火にかけ、油に香りが移ったらにんにくを取り出す。
4　3に塩を入れ、中火にしてキャベツを入れる。
5　両面を焼き色がつくまで焼き、白ワインを入れて蓋をし、1〜2分蒸し焼きにして火を止める。好みで黒こしょうをふり、マスタードをつけていただく。

◎箸で食べる場合は、葉をはずしやすいよう、芯の部分に切り込みを入れるとよい。

秋から冬
ふるさとの野菜料理

寒さが厳しく冬が長い北海道では、キャベツは越冬用、漬物用の大切な野菜です。
「日本の食生活全集」（p23参照）から食べ方を紹介します。

〈材料〉4人分
キャベツ…中1個
にんじん…1本（乱切り）
じゃがいも…4個
　（皮をむいて半分に切る）
玉ねぎ…2個（くし形切り）
豚薄切り肉…100g
　（食べやすい大きさに切る）
植物油…大さじ1
水…4カップ
醤油…大さじ1

〈つくり方〉
1　キャベツは芯をくり抜き、底に十文字の切れ目を入れる。
2　大きめの鍋に油を熱し、豚肉を炒めて色が変わったら、キャベツ以外の野菜を入れて炒める。
3　キャベツを丸ごと入れて鍋を動かして炒める。
4　水と醤油を入れ、蓋をして弱火で30分ほど、キャベツがやわらかくなるまで煮る。
5　キャベツを切り分け、ほかの具と一緒に器に盛る。

キャベツの丸煮

北海道十勝の昭和初期の料理。葉が厚くしっかりした秋キャベツを、丸ごとくたくたに煮て食べます。牛乳やカレールウなどを入れてアレンジしてもおいしいです。

キャベツの にしん漬け

北海道の厳冬を越すための
野菜の保存食。
キャベツは外葉と芯にビタミンが
豊富なので丸ごと使うのが正解。

〈材料〉つくりやすい分量
キャベツ…1/2個（大きめの
　ざく切り）
大根…1/2本（大きめの乱切り）
にんじん…1/2本（せん切り）
しょうが…1かけ（せん切り）
身欠きにしん…4本
塩…野菜の2％重量
米麹…100g
赤唐辛子…1本（種をとって
　輪切り）

〈つくり方〉

1　身欠きにしんは洗って表面の脂を落とし、米のとぎ汁（分量外）に一晩浸す。翌日、汁からあげて頭やウロコをとり、3cm幅に切る。

2　野菜に塩をしてしんなりするまで30分ほどおく。

3　麹を70℃以下の湯（分量外）にひたひたに浸けてやわらかくしておく。

4　1、2、3、唐辛子をよく混ぜ合わせ、容器に入れて重石をし、冷暗所に置く。3〜4日したら食べられる。酸味がほしいときは10日ほどおく。

◎秋口につくるなら10日で食べ切る。寒さが増してからつくれば1カ月は保存可。

かぶ

なめらかな皮も、シャキシャキ葉っぱも

■どんな野菜？
アフガニスタン近辺や地中海沿岸原産。生育適温は15〜20°C、暑さに弱い。秋まき秋冬どりが栽培しやすく、収量が多く質もよい。

■保存のポイント
貯蔵最適温度：0°C
貯蔵最適湿度：98〜100%
エチレン感受性：低（p8参照）

持て余しがちなかぶの葉は、
塩もみするとやわらかくなり苦みも減り
焼売に入れるとシャキシャキ食感を楽しめます。
じつは、焼売は餃子よりも簡単なんです。

かぶの葉焼売（しゅうまい）

〈材料〉24個分
豚ひき肉…200g
A［醤油…大さじ1　みりん…大さじ1
　塩…小さじ1/2　ごま油…大さじ1/2］
［かぶの葉…150g（細かく刻む）
　塩…2つまみ］
［玉ねぎ…100g（粗いみじん切り）
　かたくり粉…大さじ2］
しょうが…15g（みじん切り）
焼売の皮…24枚　ゆずの皮…適量
ポン酢醤油、練り辛子…適量

〈つくり方〉

1　かぶの葉は全体に塩ををまぶしてもみ、水気をしっかりしぼる。玉ねぎはかたくり粉をまぶす。

2　豚ひき肉にAを加え、粘りが出るまでよく手で混ぜ、かぶの葉、玉ねぎ、しょうがを加えて混ぜ合わせる。

3　焼売の皮で2を包み、ゆずの皮をのせたら、蒸気の上がった蒸し器で10分蒸す。ポン酢醤油や練り辛子をつけて食べる。

かぶの いくら和え

〈材料〉2人分
かぶ*…2個（6等分にくし形切り）
塩…小さじ1/2
いくらの醤油漬け…大さじ1
*あかくら蕪、サラダカブなど、肉質がやわらかく、甘みが強い品種（p66参照）がよい。普通のかぶでつくる場合は、やや薄切りにすると食べやすい。

〈つくり方〉
1　かぶは塩をふり、しんなりしたら水で洗い、ぎゅっとしぼる。
2　かぶといくらを和え、器に盛る。

甘みの強いかぶに、
いくらの塩気とぷちぷち食感を足すと
おつまみにぴったり。お正月の一品にもどうぞ。

かぶの きのこあんかけ

〈材料〉2〜3人分
小かぶ…4〜6玉
いわし粉か煮干し粉…少々
塩…ひとつまみ
A ┌ きのこ…2〜3種類
　├ 水…2カップ
　├ 醤油…大さじ2
　└ みりん、砂糖…各大さじ1
水溶きかたくり粉…適量

〈つくり方〉
1　小かぶはお尻に1cmの十字の切れ目を入れ、水（分量外。かぶが1/3浸る程度）、いわし粉、塩で蒸し煮にし、箸が通るくらいやわらかくする。
2　別鍋にAを入れ、中火で火を通し、水溶きかたくり粉でとろみをつける。
3　1を盛り、2のあんをかける。
◎あんに、好みでしょうがを加えてもおいしい。

低カロリーだけど満腹感がある、
メインの料理にもなる一品です。

秋から冬
ふるさとの野菜料理

甘くて歯ごたえがいいかぶ。「日本の食生活全集」（p23参照）から食べ方を紹介します。

かぶらごき

大根おろしの辛みとかぶの甘みが合い、たっぷり食べられる富山の料理です。

〈材料〉
かぶ（葉つき）
　…適量
大根…適量
醤油…適量

〈つくり方〉
1　かぶは縦半分に切って薄切りにし、葉は3cmに切り、全部一緒に熱湯でさっとゆでる。ゆですぎるとかぶがくずれるので注意。
2　ザルにあげて水気を切る。大根をおろして和え、醤油をかけていただく。

かぶの甘酢漬け

甘酸っぱい味が、薄切りにしたやわらかいかぶにぴったり。箸休めに最適な愛知県東三河の漬物。

〈材料〉約480g分
かぶ…500g（5個）
塩…大さじ1（15g・かぶの3％重量）
A ┌ 酢…1/2カップ
　 └ 砂糖…25g
昆布…10cm（せん切り）
赤唐辛子…1本（輪切り）

〈つくり方〉
1　かぶは3〜4mmの半月か輪切りにし、塩をふり、30分ほどおく。
2　しぼって水気を切る。
3　容器に昆布、唐辛子、かぶの順に詰める。
4　Aを溶き、3に注ぎ、1日おく。全体が甘酢味になればできあがり。
◎赤かぶでつくる場合は、唐辛子は入れなくてもよい。
◎冷蔵庫で1カ月保存できる。

農家おすすめの
かぶと大根

生で食べておいしいかぶ

薄く切ったり塩もみをすればどの品種も生食できるが、生食向きの品種はそのままかじれるくらい肉質がやわらかく、甘みがある。「かぶのいくら和え」(p64) は生食用を使っているので、大きく切ってこりこりした食感も楽しめる。

サラダカブ はくれい
(ヴィルモランみかど)

生食用かぶの元祖。肉質は緻密でやわらかく、甘みがあるため、サラダや漬物、煮物などにするとおいしい。

あかくら蕪
(小林種苗)

外側は鮮やかな紅色で、肉質は緻密でやわらかい。独特の風味と香りがあり、サラダや浅漬け、ぬか漬け、甘酢漬けにも向く。

赤い大根

品種が多く、赤い大根も皮だけ赤くて中は白いもの、皮が赤く中に赤いスが入っているものなどがある。皮も中も赤い品種は少ない。「丸ごと一本大根おろしタワー」(p12) は中まで赤い品種を使っているので、大根おろしも赤くなる。

紅くるり
(松永種苗)

外の皮も中の肉も真っ赤な大根。シャキシャキした肉質で大根らしい甘みがある。サラダや浅漬け、煮物にも使えて、オーブンで焼いてもおいしい。

紅芯大根

中国から導入された大根で、皮は白く葉に近いところは緑色で中が赤い。水分が少なめでこりこりした食感。煮物よりサラダなどに向く。

※品種名の下は、販売元の種苗会社。

66

大根調理道具を比べてみました

大根を切ったりおろしたりする道具にはいろいろありますが、あっという間にできるものもあれば、時間がかかったり腕が疲れたりするものも。
大根1/2本（500g）を5種類の道具を使って、道具の使い心地や時間、仕上がりなどを比べてみました。

しりしり器

沖縄で使われているにんじんをせん切りにする道具。沖縄の家庭料理、にんじんしりしりは有名。「しりしり」はせん切りのこととも、せん切りをするとき「しりしり」という音がするからともいわれる。

編集部メモ
かかった時間は1分。刃がたくさんあるせいか、力を入れず、あっという間におろせた。

おろし金

食材をすりおろす道具。繊維を細かくすりつぶすのでフワフワ食感になる。プラスチック製や皿形のセラミック製など、材質、形状はいろいろ。

編集部メモ
かかった時間は4分。かなり水分が出てくる。水気をしぼったら、重さは半分以下になった。

鬼おろし

竹製で、鬼の歯のような刃がある大根専用のおろし器。ザクザクと粗くおろせて、辛み成分を含む細胞が壊れにくいため、辛みが少ない。

編集部メモ
かかった時間は1分半。慣れると早い。水分はほとんど出ず、粒が粗い。

せん突き

大根をせん切りにする道具。昔は切り干し大根をつくるために使われた。大根以外には使われない。大根突き、切り干し突きとも呼ばれる。

編集部メモ
かかった時間は3分。スムーズにザクザク削れ、力はいらない。刃が少ないせいか、ちょっともたついたが、形のそろったせん切りになった。

ピーラー

皮をむく道具。最近はそうめん状にむけるなど、皮むき以外の用途に使える商品もある。T型、I型、Y型など形状はさまざま。

編集部メモ
かかった時間は5分。力の入れ加減で厚みが変わる。リボン状になり、パリパリした食感。

ブロッコリー カリフラワー

もとは同じ野菜でも、味・香り・食感はそれぞれ

■どんな野菜?
地中海沿岸の原産で生育適温15～20℃。低温に合うことで花芽ができる。夏まき秋冬どりが栽培しやすい。

■保存のポイント
貯蔵最適温度：どちらも0℃
貯蔵最適湿度：ブロッコリー95～100%、カリフラワー95～98%
エチレン感受性：どちらも高（p8参照）

ブロッコリーと
カリフラワーのフリット

生から揚げるので
ほくほく、さくさく。
やわらかくなりすぎません。

〈材料〉2～3人分
ブロッコリー、カリフラワー
　…合わせて約150g（茎を切り
　落とし、小房に分ける）
小麦粉…大さじ1＋大さじ2
かたくり粉…大さじ2
水…大さじ3～4
揚げ油…適量
塩、チリソース…適量

〈つくり方〉
1　ブロッコリーとカリフラワーは小麦粉大さじ1を薄く全体にまぶす。
2　ボウルに小麦粉大さじ2とかたくり粉を入れて混ぜ合わせる。ダマができないようにかき混ぜながら分量の水を加える。
3　1を2の衣にくぐらせ、170～180℃の油で3～4分揚げる。塩やチリソースをつけて食べる。

MEMO

どちらも花らい（花とつぼみ）を食べる野菜ですが、ブロッコリーはやわらかい花のつぼみ、カリフラワーはつぼみができる前の花床と花芽を食べます。カリフラワーは歯ごたえがあり、ブロッコリーと一緒に料理すると食感の違いを楽しめます。

こりこりした食感とやさしい甘さは
生で食べるからこそ味わえます。

カリフラワーの
生サラダ

〈材料〉2人分
カリフラワー*…1/3個（小房に分ける）
オリーブオイル…大さじ1
レモン汁…小さじ1
塩…小さじ1/8
粗びき黒こしょう…少々
*表面に黒ずみがない、新鮮なものを使う。

〈つくり方〉
1　ボウルにカリフラワーと
オリーブオイル、レモン汁、
塩を入れて混ぜる。
2　冷蔵庫に10分おき、味を
なじませる。
3　器に盛り、こしょうをふる。
◎レモン汁とオリーブオイルにし
ばらく浸すと、すっきりした味わ
いになりよりおいしくなる。
◎生ハムを合わせたり、砕いたく
るみをのせてもおいしい。

マヨネーズなし、味つけは塩だけなのに
コンソメのような風味を感じるから不思議。

カリポテサラダ

〈材料〉4人分
じゃがいも*…3個（皮をむき丸ごと）
カリフラワー…1/2個（鍋に入らなければ小
　房に分ける）
植物油**…大さじ2
塩…少量
*男爵などホクホク系品種がおすすめ。
**香りにくせのない菜種サラダ油がおすすめ。

〈つくり方〉
1　鍋にじゃがいもとひたひたの水を
入れてゆでる。串が中心まで刺さるく
らいになったらカリフラワーを入れ、
さらに10分ゆでる。
2　ゆで上がったら鍋の湯をこぼして
水を切る。再び火をつけて水分を飛ば
し、火を止め、熱いうちに鍋の中で木
べらで粗くつぶす。食感を残すとよい。
3　温かいうちに油と塩を加えて混ぜ、
全体に味をなじませる。

> カリフラワーの茎はピクルスにすると、歯ごたえがあっておいしいです。（谷江美さん）

ブロッコリー・カリフラワー

しょうがの風味がきいて
からだも温まります。

カリフラワーと鶏肉の しょうが蒸し焼き

〈材料〉2〜3人分
カリフラワー…小1株（小房に分ける）
鶏むね肉…約250g（ひと口大に切る）
しょうが…1かけ
　（皮をむき1〜2mm厚さにスライス）
塩…小さじ1/3
酒…大さじ1
オリーブオイル…大さじ2
粗びき黒こしょう…適量

〈つくり方〉
1　フライパンにオリーブオイルを熱し、カリフラワーと鶏むね肉を焼く。
2　焼き色がついたら、塩と酒を加えて軽く混ぜ、しょうがを入れて蓋をする。弱火で5分ほどじっくり火を通す。
3　器に盛り、好みで黒こしょうをふる。
◎しょうがも一緒に食べられる。新しょうがを使うとより食べやすい。

塩辛くないのにガツンとおいしい。
香ばしいにんにくが食欲をそそります。

ブロッコリーの ペペロンチーノ

〈材料〉2人分
ブロッコリー…1株（小房に分け、茎は輪切り）
にんにく…1かけ（みじん切り）
赤唐辛子…1本（輪切り）
オリーブオイル…大さじ1
塩麹…小さじ1
甘酒…小さじ1
こしょう…少々

〈つくり方〉
1　ブロッコリーはかためにゆでる。
2　フライパンにオリーブオイル、にんにく、赤唐辛子を入れて火にかけ、香りが立ってきたらブロッコリーを入れて炒める。
3　塩麹、甘酒、こしょうを加え、味をみて塩（分量外）を足す。さっと混ぜたら火を止め、器に盛る。

出荷先のお客さんからアイデアをもらうことも多く、この料理も地元のお店・こな家さんに教えてもらったレシピです。甘酒や塩麹を使った、素材の味をいかした料理にいつも驚かされます。（小山暁美さん）

にんじん

鮮やかなオレンジ色とやさしい甘みで料理の主役

■どんな野菜？
中央アジア原産、18〜21℃でよく生育。温暖地域では夏にまいて冬〜春に収穫、冷涼地域では春にまいて夏〜秋に収穫。

■保存のポイント
貯蔵最適温度：0℃
貯蔵最適湿度：98〜100％
エチレン感受性：高（p8 参照）

にんじんグリル

〈材料〉2人分
にんじん…2本
　（皮ごと縦に切る）
オリーブオイル…大さじ2
塩…適量

〈つくり方〉
1　ボウルににんじんを入れ、オリーブオイルを回しかけてからめる。
2　170℃に温めたオーブンで約50分、串がすっと入るまで加熱する。
3　皿に盛り、上から塩をふる。

> 冬野菜はじっくり焼くと甘さが引き立つので、油をからませたら皮ごとオーブンへ。困ったときはいつもオーブン頼みです。（鴨志田佑衣さん）

MEMO
千葉県の五月女めぐみさんも、忙しいときはオーブン料理だそうです。定番は、天板に大きく切った野菜や肉をぎっちり並べて焼く「ぎゅうぎゅう焼き」。お客さんが来たら、これに味噌マヨネーズやサルサソースなどのディップを添えて出します。

やさしい甘みがじわじわ引き出され、
にんじんグラッセのような驚きの甘さになります。
大きいままグリルすると時間はかかりますが
存在感があり、メイン料理になります。

にんじん鍋

〈材料〉4人分
にんじん…6本（900〜1200g）
鶏むね肉…1枚
昆布とかつお節のだし汁
　…5カップ
味噌…大さじ6
おろしにんにく…大2かけ分
好みでラーメン（生麺）…適量
◎スープの味が濃いので、あっさりした鶏むね肉が合う。

〈つくり方〉
1　にんじんをスライサーなどでせん切りにする。
2　鍋にだし汁、ひと口大に切った鶏肉、味噌、おろしにんにくを入れて、中火にかけ、静かに煮立たせる。
3　鶏肉に火が通ったら、アクをとり、せん切りにしたにんじんを入れて煮る。にんじんのシャキシャキ感が残るくらいで火を止める。
4　汁ごと取り分けて食べる。締めはラーメンを入れて、にんにく味噌ラーメンにするのがおすすめ。

これでにんじん6本分！
具はにんじんと鶏肉だけ。
にんにく味噌スープで
箸がどんどんすすみます。

野菜嫌いの子どももぺろり。
にんじんの甘みがほんのり。

にんじんご飯

〈つくり方〉
1　米3合をとぎ、水に浸す。
2　にんじん中1本をすりおろし、1に入れる。
3　2に、酒と塩各小さじ2を入れ、水を加えて炊く。
4　炊き上がったら、しらす干しやごまを適宜加えて混ぜる。
◎ねぎなどの薬味をのせてもおいしい。

葉も皮も丸ごと使って
栄養たっぷりのご飯のお供に。

にんじんふりかけ

〈つくり方〉
1　切り落とした葉を1分ほど熱湯で下ゆでして水気を切る。
2　1の葉とにんじんは、それぞれみじん切りにする。
3　ごま油を熱して2を炒め、火が通ったらかつお節と白ごまを入れて軽く炒めて火を止める。
4　食べるときに、好みで醤油、または塩をかける。

にんじん

とろ〜りフルーツソースのよう。
ヨーグルトやパンにのせて。

にんじんジャム

〈つくり方〉
1　にんじん1kgを厚さ1cmの輪切りにしてゆでる。
2　1とゆで汁少々をミキサーに入れて回し、ペースト状にする。
3　2を鍋に入れて、グラニュー糖400gを加えてことこと煮る。
4　煮詰まったら、レモン汁20gを加える。塩を少々パラッとふってできあがり。

栄養満点で彩りもきれい。
梅の香りもさわやか！

にんじんサラダ

〈つくり方〉
1　オリーブオイル大さじ1、梅酢大さじ1、塩小さじ1/2をよく混ぜる。
2　にんじん1本をピーラーで縦に薄くスライスし、1で和える。
3　好みの量のレーズンとクルミなどのナッツ類を刻んで加える。

秋から冬
ふるさとの野菜料理

色鮮やかなにんじんは、正月や祝い料理の彩りに欠かせません。
「日本の食生活全集」（p23参照）から各地の食べ方を紹介します。

いか入りきんぴら

ごぼうもにんじんも本当においしいのは秋冬。
秋によくとれるいかを使った
富山県魚津のきんぴら。

〈材料〉つくりやすい分量
ごぼう…1本
にんじん…1本
するめいかのゲソ
　…1杯分
植物油…大さじ1
赤唐辛子…1本
　（種をとって輪切り）
┌ 醤油、砂糖
│　…各大さじ2
└ 酒…大さじ1

〈つくり方〉
1　ごぼうは5cm長さのやや太めのせん切り、にんじんはごぼうより太いせん切りにする。ゲソは吸盤を洗い落とし、同じ長さに切る。
2　鍋に油と唐辛子を入れて熱し、ごぼうを中火でしんなりするまで炒める。
3　にんじんとゲソを加えてさっと炒め、調味料を加えて汁気がなくなるまで煮る。

いかにんじん

するめのうま味、にんじんとの食感もよい、
福島県の秋冬の保存食。
正月の料理にも欠かせません。

〈材料〉つくりやすい分量
にんじん…1本
干しするめいか…1枚
┌ 醤油…1/3カップ
│ 酒…大さじ2
└ 水…大さじ2

〈つくり方〉
1　するめは縦半分に切ってから繊維に沿って3mm幅にハサミで切る。にんじんはするめと同じ長さのせん切りにする。
2　調味料と水を煮立てて冷まし、1にかけて混ぜる。2〜3日漬けて食べる。

きんぴら

おなじみのおかずも正月料理になります。
ごぼうもにんじんも太く切り、
薄く味つけするのが群馬県風。

〈材料〉4人分
ごぼう…1本（150g）
にんじん…1本（100g）
赤唐辛子…1/3本
植物油…大さじ1
水…1/2カップ
砂糖…小さじ2
酒…小さじ2
醤油…小さじ2

〈つくり方〉
1　ごぼうは5cm長さの太めのせん切りにし、水にさっとさらす。にんじんも太めのせん切りにする。赤唐辛子は種を除き小さくちぎる。
2　鍋に油を熱し、赤唐辛子を香りが出るまで炒める。
3　ごぼうを加え、しんなりするまで弱火でよく炒め、にんじんを加えてさらに炒め、油をなじませる。
4　ごぼうのいい香りがしてきたら、水と砂糖を加えて蓋をして、ごぼうがやわらかくなるまで蒸し煮する。
5　酒を加えてひと煮立ちさせ、醤油を加えてほどよく汁気がなくなるまで炒る。

にんじんの子和え

にんじんと生の真鱈（まだら）の子の炒り煮。
にんじんたっぷりのおかずは、青森では
年取り（大晦日）や正月にも食べました。

〈材料〉約500g分
にんじん…2〜3本（250g）
真鱈の子（生）…1/2腹（150g）
糸こんにゃく…1/2袋
高野豆腐…1枚
植物油…大さじ1
　酒、醤油…各大さじ1
　塩…小さじ1/2

〈つくり方〉
1　糸こんにゃくは湯通しして3cmに、高野豆腐は水で戻して3cmのせん切りにする。
2　にんじんはスライサーでせん切りにおろす。
3　厚手の大鍋に油をひき、糸こんにゃくとにんじんを炒める。
4　全体に油が回ったら調味料を加え、高野豆腐を入れる。真鱈の子は皮から卵を出して加え、よくほぐしながら混ぜる。水分がなくなるまで炒める。

◎普通のたらこを使う場合は、塩味がついているので、味見して調味料の量を加減する。

にんじんを埋めるとどうなる?

根が太るのはなんのため?

寒さがどんどん増してくるこの時期、にんじんを土に埋めると、芽が出て茎が伸び、初夏には花が咲きます。白く小さな星のような花が集まって、ドーム状に咲く姿は、観賞用のレースフラワーにそっくり。いくつもの花が咲き乱れている様子は、白い毬（まり）がポンポン浮かんでいるようで、とても幻想的です。

花が咲くと、地下の根はかたくスカスカになり、食べてもおいしくありません。根にためていた栄養分を、花のほうに送ってしまうためです。

にんじんが根を太らせる本当の目的は、人間に食べられるためではなく、タネをつくり、子孫を残すためなのです。

埋めると"人生"の続きが始まる?

にんじんはタネをまいてから約100日で収穫しますが、冬も根を枯らさずに生き続け、翌年の秋にタネが熟す植物です。収穫されたにんじんは、タネをつくるまでの1年のうち、3分の1を過ごしただけのもの。食べずに土に戻すと、続きの人生を生き始めるのです。

埋める場所は、畑はもちろん、プランターでも庭でも大丈夫。肥料はいらず、世話もほとんど必要ありません。一般に花のタネは小さく繊細なものが多いので、イチから育てるのは大変。でもにんじんは、土に埋めるだけで観賞用に負けないくらいの花が咲きます。

にんじんの"人生"（発芽からタネをつけるまで）

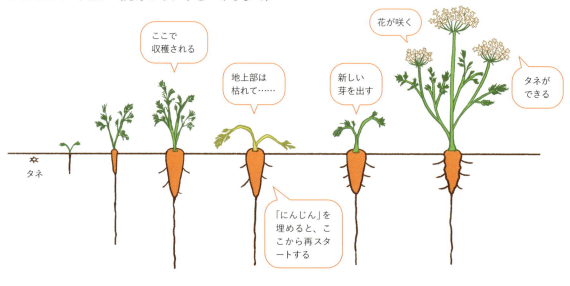

にんじんの花の咲かせ方

花の色が紫や黄色になるにんじんもある

右側は切り口が黒ずんで色が薄い。埋めるなら左側のにんじんがいい

1 選ぶ

- 見た目がおいしそうなもの（新鮮で色が鮮やか、肌もきれい）がよい。短く切られたり、しなびたにんじんからも芽が出るが、花は咲かないか、少なく小さい。
- 紫にんじんや黄色いにんじんからは、色のついた花が咲く。同じ鉢に植えると色とりどりの花が楽しめる。交雑するのでタネとりには向かない。

2 埋める

- 12～2月初旬に埋める。畑や庭なら、日当たりと風通しのよい場所がいいが、半日陰でも育つ。複数埋める場合は、5cmほど離して埋める。
- プランターや鉢の場合は、水はけのよい園芸用の土に埋める。10号の鉢なら3～4本植えられる。
- 芯の部分がしっかり隠れるくらいまで土をかぶせる。土が乾燥しない程度に水をやり、肥料は必要ない。

土から出た部分は寒さで腐ってしまうので、しっかり土をかぶせ、露出しないようにする

3 開花

- 5～6月頃、主枝の先端から側枝の順に、次々と花をつける。1株で1カ月ほど楽しめる。

タネもとれる

花が咲き終わってきつね色になると、タネが熟したサイン。花を首ごと刈り、陰干しで乾燥させてから手でタネをこすり落とす。タネまきは7月頃。タネの寿命は約2年。密閉容器に入れ冷蔵庫で保管する。

ただし、普通に売られているにんじんはほとんどがF1品種*で、まいてもどんなにんじんができるかわからない。タネをとるなら、固定種や在来種**のほうがいい。

*F1品種…2つの異なる品種を掛け合わせ、両方の長所が現れるようにつくられた品種。タネをとると色や形、大きさなどがバラバラになる。

**固定種、在来種…何世代にもわたって採種を繰り返した品種で、性質のそろったタネがとれる。

タネについた毛は、まくときに手でこすり取る

81

ごぼう れんこん

スープやオーブン料理にもどんどん使える

■どんな野菜？
ごぼうは地中海沿岸～西アジア原産。生育適温20～25℃で暑さに強く、春まき冬どりが基本。れんこんの原産地は中国、インドで生育適温25～30℃。春に植え付け、秋冬に収穫。

■保存のポイント
貯蔵最適温度：ごぼう0～2℃、れんこん0℃
貯蔵最適湿度：れんこん98～100％

揚げごぼう

〈材料〉つくりやすい分量
ごぼう…1本（よく洗い、斜め薄切り）
小麦粉（かたくり粉でも可）…大さじ2
塩…少々
揚げ油…適量

〈つくり方〉
1　ポリ袋にごぼうと小麦粉を入れてふり、粉をまぶす。
2　フライパンに油を2cmほど入れて180℃に熱し、ごぼうをカリカリになるまで揚げる。油をよく切って塩をふる。

甘辛ごぼう

〈材料〉つくりやすい分量
揚げごぼう…150g
醤油、砂糖…各大さじ1
白炒りごま…小さじ1

〈つくり方〉
1　フライパンに醤油、砂糖を入れて中火にかける。
2　ふつふつとしてとろみが出てきたら揚げごぼうを加える。たれが全体にからんだら火を止める。好みでごまをふる。

揚げごぼうは、もともと千葉県の在来種「大浦太ごぼう」で考えたレシピです。甘辛いたれをからめるだけでアレンジできて、たっぷり食べられます。
（五月女めぐみさん）

MEMO
ごぼうは特有の香りが食欲をそそります。香り成分は皮のあたりに集中しているため、皮はむかずにたわしできれいに洗って土を落とせば十分。この香りは、肉や魚の臭みを消す働きもあります。

揚げごぼう

少ない油で揚げ焼きにする
やみつき必至の
ごぼうのから揚げ。

甘辛ごぼう

揚げごぼうの
アレンジレシピ。
ご飯がすすみます。

甘辛味で、ご飯にのせるとつい食べすぎるほど。
ごぼうはゆですぎず、ガシッとした食感が
残っているほうが、食べごたえがあって◎。

ごぼうの照り焼き

〈材料〉2人分
ごぼう…100g（4cm長さに切る。
　　　太いものは半割り）
かたくり粉…大さじ1〜2
ごま油…大さじ1
醤油、みりん…各大さじ1

〈つくり方〉
1 たっぷりの湯でごぼうを2分ほどゆで、火を通す。取り出して水気を切り、かたくり粉をまぶす。
2 フライパンにごま油を熱し、1を焼く。
3 表面に焼き色がついたら、醤油とみりんを加え、煮詰めながらごぼうにからめる。

酢の酸味に甘いおからがふわっとからみ、いくらでも食べられます。

ごぼうのおから和え

〈材料〉2〜3人分
ごぼう…1/2本（よく洗い、ささがき）
塩…2つまみ
おから（乾炒りしたもの）
　…大さじ6（約50g）
オリーブオイル…大さじ2
バルサミコ酢…大さじ1
蜂蜜…小さじ1と1/2

〈つくり方〉
1　ごぼうは5分ほど水にさらす。
2　鍋に湯を沸かし、1のごぼうを2分ほどゆでる。ザルにあげ、キッチンペーパーで水気をしっかりふき取る。
3　ごぼうが熱いうちに、ボウルに入れて塩を加え、全体になじませる。残りの材料を加え、手早く混ぜ合わせる。冷蔵庫で一晩おくと味がなじんでよりおいしい。

野菜だけの南蛮漬けなのに、
揚げたごぼうの歯ごたえで満足！

ごぼう南蛮

〈材料〉4〜6人分
ごぼう…1本（150g）
かたくり粉…大さじ1〜2
玉ねぎ…中1と1/2個（130g）（薄切り）
にんじん…1/3本（50g）（せん切り）
A ┌ 酢…80㎖
　│ 醤油…大さじ4
　└ 砂糖…40g
揚げ油…適量

〈つくり方〉
1　ごぼうは長さ5㎝に切る。太いものは2〜4つ割りにする。
2　1を水にさらしてアクを抜き、水を切ってかたくり粉をまぶし、中温の油で揚げる。
3　Aをボウルに入れて混ぜ、2のごぼう、玉ねぎ、にんじんを加えて和える。すぐに食べてもよいが、一晩おくと味がしみておいしい。

◎きゅうり、ピーマンなどのせん切りを加えると彩りがきれい。

ごぼう・れんこん

自然なとろみで冷めにくく
なめらかでのどごしのいいスープ。
ブレンダーやミキサーを使うと
あっという間にできるのもうれしいです。

れんこんポタージュ

〈材料〉3人分
れんこん…200g（いちょう切り）
水…1/2カップ
牛乳…1カップ
塩、こしょう、パセリ…適量

〈つくり方〉
1　鍋にれんこんと分量の水を入れて蓋をし、串がすっと通るまで弱火で蒸し煮する。
2　火を止め、ゆで汁ごとブレンダーやミキサーでなめらかになるまで撹拌する。
3　2を弱火にかけ、牛乳を少しずつ加えながら混ぜる。沸騰直前に火を止め、塩、こしょうで味を調える。器に盛り、刻んだパセリを散らす。
◎れんこんによって粘りが強いものがあるので、その場合は牛乳の量を増やす。

もう一品おすすめを。薄切りのれんこんと白菜と豚肉を重ねたミルフィーユ鍋。れんこんのシャキッとした食感がアクセントになって、野菜をたっぷり食べられます。（彦田真由美さん）

ごぼう・れんこん

名古屋名物の手羽先をイメージした
甘辛だれとこしょうがガツンときいた味。
ザクッとした食感がポイントなので
れんこんは必ず縦に切ってください。

甘辛れんこん

酢ばすもおすすめ。薄切りにしてさっとゆで、熱いうちに酢漬けにすると1週間ほど日持ちします。醤油とごま油で和えたり、刻んでゆで卵とマヨネーズと合わせてタルタルソースにしたりとアレンジ自在です。
(彦田真由美さん)

〈材料〉2人分
れんこん…300g（拍子木切り）
かたくり粉…適量
植物油…大さじ3〜5
A
　醤油…大さじ3
　みりん…大さじ2
　砂糖…大さじ1
　酒…大さじ1
こしょう…適量
白ごま…適量

〈つくり方〉
1　れんこんにかたくり粉をまぶす。
2　フライパンに油を熱し、れんこんがきつね色になるまで揚げ焼きし、いったん取り出す。
3　油をふき取り、Aを入れて熱したら、れんこんを戻し入れてからめる。こしょうをたっぷりふり、白ごまをかける。

肉を焼いて鍋ごとオーブンに入れるだけ。
肉のうま味を吸った根菜がおいしく
ボリュームたっぷりのごちそうです。

ポットロースト

〈**材料**〉4〜6人分

豚かたまり肉（肩ロースやもも肉）…1kg

塩…大さじ1

にんにく…1かけ（薄切り）

オリーブオイル…大さじ1

白ワイン…1/2カップ

れんこん…300g

里芋…中6個

にんじん…2本

粒マスタード…適量

◎野菜は、れんこんはごぼうに、里芋は玉ねぎやじゃがいもに代えたりと、手元にある根菜類を使えばよい。

〈つくり方〉

1　肉に塩をもみ込み、包丁で何カ所か軽く切れ目を入れ、にんにくの薄切りを差し込む。室温に1時間ほどおく。

2　れんこんは皮つきのまま大きめのひと口大、里芋は皮をむいて半分に、にんじんは長さ半分に切り、太いものはさらに縦半分にする。

3　蓋も耐熱の厚手鍋を使用。鍋にオイルをひき、1の豚肉を入れて表面を焼き、余分な脂はキッチンペーパーなどでふき取る。

4　3に2を加えて白ワインを入れ、沸騰したら蓋をして火を止める。

5　蓋をしたまま190℃に温めたオーブンに入れて50〜60分焼く。

6　鍋から肉を取り出して食べやすい大きさに切り、野菜と一緒に盛り合わせる。好みでマスタードを添える。

◎オーブンで加熱する際、ローズマリーやローリエなどハーブを入れてもよい。

野菜メインでもこの満足感。
二度焼きでパリッと本格的な仕上がりに。

根菜のパエリヤ

ごぼう・れんこん

〈材料〉34.5×25×4.5cmのホーロー容器
　　　　1個分
米…3合（洗って水気を切る）
┌ あさり（殻つき）…200g（砂抜きする）
└ 白ワイン…大さじ3
玉ねぎ…1個（みじん切り）
にんにく…1かけ（みじん切り）
オリーブオイル…大さじ3
┌ 塩…小さじ1と1/2
│ サフラン水…100㎖（サフランひとつ
A　まみをぬるま湯に浸す）
└ 水…350㎖
ごぼう…1本（小さめの乱切り）
さつまいも…小1個
　　（1cm角に切って水にさらす）
中玉トマト…5個（輪切り）
れんこん…1節（輪切り）
かぼす…1個（薄い輪切り）

〈つくり方〉
1　フライパンにあさりと白ワインを入れて蓋をし、火にかける。あさりの口が開いたら火を止め、蓋をしたまま蒸らす。
2　米、玉ねぎ、にんにく、オリーブオイルをボウルに入れて混ぜる。オーブンシートを敷いた容器に入れて平らにしたら、210℃に温めたオーブンで5分焼く。
3　オーブンから出し、Aと1の蒸し汁を入れて混ぜる。平らにし、ごぼう、さつまいも、トマト、れんこんの順にのせる。
4　210℃に温めたオーブンで30分焼く。焼き上がったらそのまま余熱で10分蒸らす。
5　1のあさりとかぼすをのせる。好みでパセリを散らしてもよい。

> **天板の空きスペースで
> おすすめの焼き野菜**
>
> 天板にすき間ができたら、すかさずいもや根菜をのせて一緒に焼きます。皮ごとアルミホイルで包めばＯＫ。料理の下ごしらえになります。もちろん、そのまま食べることも。じゃがいもや玉ねぎは220℃で40〜50分、ビーツは1時間ほどで火が通ります。（谷江美さん）
>
> [焼き野菜の活用法]
>
> **じゃがいも**
> 定番はポテトサラダ。つぶさずにスライスすると、ローストならではのネッチリした食感が際立ちます。ジャケットポテトにしたり、コロッケやスパニッシュオムレツの中身にもなります。焼くと皮がつるっとむけます。
>
> **玉ねぎ**
> 焼くとトロトロになるので、皮をむいたらそのままジッパー付きのポリ袋に入れ、上から指でもんでつぶしてペースト状にします。飴色玉ねぎのように、スープやカレーに入れるとうま味が出ます。余った分はそのまま冷凍しておくと便利です。
>
> **ビーツ**
> これもじゃがいもと同じくつるっと皮がむけます。ピクルスにするのがおすすめです。

秋から冬
ふるさとの野菜料理

穴があいているれんこんは見通しがよい縁起物。各地の祝いや行事の料理に使われてきました。「日本の食生活全集」(p23参照)から各地の食べ方を紹介します。

はすねもち

サクサクもっちり、独特の風味。
大阪・門真のハレの日の
れんこん料理です。

〈材料〉6〜7個
れんこん…1本(250g)
もち米…25g程度
小豆あん、きな粉…適量

〈つくり方〉
1　もち米は洗って浸水しておく。れんこんは皮をむいて、米のとぎ汁に一晩浸ける。米を詰めるので、片方の節は落とさないでおく。
2　翌日、れんこんともち米の水気をよく切る。れんこんの穴へ、竹串などを使ってもち米を詰め込む。
3　蒸気の上がった蒸し器に2を立てて1時間蒸す。れんこんが長い場合は蒸し器の高さに合わせて切る。
4　蒸し上がったら輪切りにする。そのまま食べても、小豆あんやきな粉をつけてもよい。

玉津島

れんこんの産地・愛知県津島に
ちなんだれんこんのおろし揚
げ。行事のごちそうにつくられました。

〈材料〉8個分
れんこん…1本（400g）
小麦粉…40g（れんこんの10％重量）
銀杏（殻をとる）…8個
塩…小さじ2/5
揚げ油…適量

〈つくり方〉
1 れんこんは皮をむき、酢水（分量外）につけてアクを抜き、すりおろす。
2 れんこんに小麦粉を加えてよく混ぜる。さらに銀杏、塩を加えて混ぜる。
3 片手のひらに入るくらいの大きさにとり、握って指のあとをつけて楕円形にまとめ、中温の油で揚げる。
◎揚げたものは醤油をつけて食べたり、汁ものや茶碗蒸しの具にしてもよい。

れんこんの落花生和え

小豆島の春の行事、新造船が初めて海に下る「船下ろし」のごちそう。

〈材料〉4人分
れんこん…1本
だし汁…適量
醤油…小さじ1
炒り落花生…70g

〈つくり方〉
1 れんこんをゆがいて皮をむき、薄切りにして、ひたひたのだし汁で醤油の薄味をつけて煮る。
2 落花生をすり鉢でよくすって醤油2滴（分量外）とだし汁を加え、れんこんを和える。

辛子れんこん

行事に欠かせない熊本県の伝統料理。
切り口が細川藩の家紋に似ているといわれています。

〈材料〉1節分
れんこん…大1節（300g）
酢…少量
粉辛子…大さじ1
ぬるま湯…小さじ2
麦味噌…80g
砂糖…小さじ1
衣
　小麦粉、水…各80g
　うこん粉（ターメリック）
　　…小さじ2
揚げ油…適量

〈つくり方〉
1　れんこんは穴が見えるよう両端を切り落とす。酢を落とした熱湯でかために5〜6分ゆで、水にとって冷ます。ザルに立てて1日干す。
2　粉辛子をぬるま湯でかき、麦味噌と砂糖と混ぜ合わせる。
3　2を底が平らな器に入れ、その上かられんこんを縦にして味噌が上がるまでトントンたたく。一晩おくと、余分な味噌が上がってくるのでそれを取り除く。
4　小麦粉にうこん粉を混ぜ、水で溶いて衣をつくる。水気をふいたれんこんに衣をまんべんなくつける。竹串で刺して取り出し、低温の油で5分揚げる。最初は竹串で刺したままにして、衣が固まるまで鍋底につかないようする。
5　輪切りにして盛りつける。

がめ煮

福岡県、大分県などでは、正月やお祝いの席に欠かせない煮物。今は「筑前煮」という名前で全国区の味です。

〈材料〉4人分
鶏もも肉…1枚(300g)(ひと口大に切る)
ごぼう…1/2本(乱切り)
にんじん…大1/2本(乱切り)
れんこん…50g(乱切り)
干し椎茸…4枚(水で戻す)
こんにゃく…1枚(ひと口大にちぎる)
干し椎茸の戻し汁…1/4カップ
植物油…大さじ1/2
砂糖…大さじ1
みりん…大さじ2
醤油…大さじ1
さやえんどう…5〜6枚(塩ゆでする)

〈つくり方〉

1　戻した干し椎茸は、半分にそぎ切りする。戻し汁はとっておく。

2　厚手の鍋に油を熱し、鶏肉を炒める。肉の色が変わったら、ごぼう、にんじん、れんこん、椎茸、こんにゃくの順に加えて炒める。

3　干し椎茸の戻し汁を加え、煮立ったら砂糖、みりん、醤油を加える。蓋をして15分ほど煮る。

4　蓋をはずし、汁気がなくなるまで煮詰める。火を止めたらしばらくおいて、味をなじませる。

5　器に盛り、斜め切りしたさやえんどうを散らす。

せり・春菊・ケール

香り高く、ビタミン、ミネラルが多い健康野菜

■どんな野菜？
せりは日本原産、日が短く気温の低い時期の質がよい。地中海沿岸原産の春菊は生育適温15〜20℃、暑さに弱い。ケールも地中海沿岸原産、夏まき秋冬どりで葉をかきながら収穫。

■保存のポイント（春菊）
貯蔵最適温度：0℃
貯蔵最適湿度：95〜100%
エチレン感受性：高（p8参照）

ケール

せり鍋

〈材料〉4人分
せり（根つき）…500g
鶏もも肉…400g
かつお節や煮干しのだし汁
　…8カップ
A ┌ 酒…大さじ2
　├ 醤油…大さじ3
　└ みりん…小さじ2
ご飯やうどん、卵…適量

〈つくり方〉
1　せりの根を歯ブラシなどでていねいに洗い、泥を落とす。
2　洗ったせりを、根、茎、葉の3つの部分に切り分ける。根は付け根から茎を残して切ると食べやすい。
3　だし汁にぶつ切りにした鶏肉を入れて中火にかけ、鶏肉に火が通ったら、Aを加える。
4　静かに煮立たせながら根を入れて2分ほど煮たら、茎、葉の順に入れる。
5　煮ながら取り分けて食べる。最後はご飯やうどんを入れて、卵とじにするとおいしい。

シャキシャキ感がくせになる
せり産地・宮城県のご当地鍋。
せりは根もおいしいのです。

ほんのり苦く、香り高い春菊は、
和洋どちらに合わせても
個性が際立ちます。

春菊そば

〈材料〉1人分
春菊*…30g（ざく切り）
塩…小さじ1/4
そば（乾麺）…1束
粉チーズ…好みの量
オリーブオイル…ひと回し
かけそばのつゆ…150㎖
＊茎がかたければ葉のみを使う。

〈つくり方〉
1 そばは表示通りゆでて冷水にとる。ザルにあげて水気を切る。
2 春菊は塩をふり、軽くもむ。
3 そばを器に盛り、つゆをかける。水気をしぼった春菊をのせ、粉チーズとオリーブオイルをかける。

ごまの風味とナッツの香ばしさで
春菊を生でパクパクいただきます。

サラダ春菊の
ナムル風

〈材料〉
春菊…1把
ごま油…大さじ1（春菊1把に対して）
塩、こしょう…適量
くるみ（他のナッツでもよい）…適量

〈つくり方〉
1 春菊は洗ってしっかり水気を切り、食べやすい大きさに切る
2 ごま油を回しかけ、塩、こしょうをふって混ぜる。
3 刻んだくるみをトッピングしてできあがり。
◎生食用のサラダ春菊がおすすめ。普通の春菊ならやわらかい部分を使う。

具は刻んで混ぜるだけ。
春菊の苦みと香りがくせになります。

春菊餃子

〈材料〉40個分
春菊…250g
豚ひき肉…350g
赤玉ねぎ…中1/2個
　（100g・みじん切り）
塩…小さじ1と4/5
餃子の皮…大判40枚
ごま油…大さじ1
醤油、酢…適量

〈つくり方〉
1　春菊を茎から細かく刻み、ひき肉、玉ねぎを加えて手でよく混ぜ、ぬめりが出たら塩を加え、さらに混ぜる。
2　1を40等分にし、餃子の皮にのせて包む。
3　フライパンに油を熱し、2を並べ中火で焼く。焼き色がついたら水50㎖（分量外）を入れて蓋をして3～4分蒸し焼きにする。醤油、酢で食べる。

◎春菊は空芯菜にしてもよい。玉ねぎは普通の白い玉ねぎでもよい。

焦げる直前まで焼いたケールは、のりに似た風味。
たらこスパゲティにケールは意外すぎる、
でも最高の組み合わせです。

ケールのたらこスパゲティ

〈材料〉2人分
スパゲティ…200g
ケール…5枚（食べやすい
　大きさにちぎる）
たらこ…50g（ほぐす）
植物油…大さじ2
塩…小さじ1/2
醤油…小さじ1

〈つくり方〉
1　スパゲティは表示通りゆでる。
2　フライパンに油を熱し、ケールを焦げる手前まで強火で炒める。
3　火を止め、たらこ、スパゲティを加えて混ぜ、塩と醤油で味を調える。

◎焦げると苦くなるので、炒めすぎに注意する。

ケールを保存袋に入れて冷凍するのもおすすめ。凍ったら袋をもんでパリパリにくずし、パセリのように料理の彩りに使います。（溝口優子さん）

ケールチップス

〈材料〉つくりやすい分量
ケール…2～3枚（5～6cm大にちぎる）
ごま油…大さじ2
塩…適量
白ごま…適量

〈つくり方〉
1　ボウルにケールを入れ、ごま油と塩を回しかけてからめる。
2　1を重ならないようにオーブンシートに並べ、150～160℃に温めたオーブンまたはトースターで約10分焼く。熱いうちに白ごまをふる。
◎一度につくる量は、オーブンやトースターの天板の大きさに合わせる。ケールは焼くと縮むので、半分ほどの量になる。

包丁を使わずにつくれるケールの定番レシピ。
オリーブオイルを使うと洋風に、
ごま油を使うと韓国のりのような味になります。

せり・春菊・ケール

農家おすすめの苦くないケール

ひと昔前は青汁の原料として知られ、野菜として食べられることは少なかったが、今はスーパーなどで多様な品種が手に入る。今回紹介している料理では加熱しているが、生のままサラダで食べてもおいしい。

カーボロネロ

イタリア野菜。苦みが少ない。肉厚でくずれにくいので煮込みに向く。

カーリータイプ

フリル状の葉が特徴。苦みが少ないので、煮込みや炒め物のほか、サラダやスムージーなどに使える。

コラードタイプ

縦長で縮れがほとんどない葉が特徴。青汁にするのはこの品種。肉厚で、煮込みや炒め物などに向く。

コルカノン

〈材料〉4人分
じゃがいも（男爵系）…大3個（皮をむく）
ケール…3〜4枚（2cm幅に切る）
長ねぎ…1/2本（斜め薄切り）
ベーコン…100g（1cm幅に切る）
バター…20g
豆乳…1/2カップ
塩、こしょう…少々

〈つくり方〉
1　フライパンに油（分量外）を熱し、ケールとねぎ、ベーコンを炒める。
2　じゃがいもはゆでてざっくりつぶし、熱いうちにバターと豆乳を加えて混ぜる。
3　1を加えてさらに混ぜ、塩とこしょうで味を調える。

アイルランドのポテトサラダです。
ケールは加熱しても色が鮮やかなので、
見た目もきれいに仕上がります。

ケール炒め

〈材料〉4人分
ケール…5〜6枚
にんにく…2かけ（みじん切り）
オリーブオイル…大さじ2
塩…小さじ1
こしょう…少々

〈つくり方〉
1　ケールのやわらかい葉の部分をせん切りに、かたい軸部分は斜めせん切りにする。
2　フライパンにオリーブオイルを熱し、にんにくを入れて香りが立ったらケールの軸、葉の順に入れて炒める。
3　塩とこしょうで味を調える。
◎ベーコンやソーセージを刻んで入れてもいい。

ケールが初めての人にもおすすめ。
ほのかな苦みににんにくの風味が加わり
肉料理の箸休めにもうれしい一品です。

ケールは秋から春にかけて、絶えず収穫できる便利な野菜です。炒め物やスープ、煮物にも使えます。
（岡田忠治さん・早苗さん）

初出一覧

この本に収録した記事やレシピは、以下の「うかたま」の記事をもとにしています。

甘さをいかしておいしく食べる…2023冬（69）号
長持ちのコツ、保存の技…2022冬（65）号

【大根】
大根しゃぶしゃぶ…2023冬（69）号
まるごと1本大根おろしタワー…2022冬（65）号
鶏肉のみぞれ煮…2019秋（56）号
実験　大根おろしの食べ比べ…2023冬（69）号
干し大根のステーキ…2022冬（65）号
皮のエスニックきんぴら…2022冬（65）号
ささみサラダ…2022冬（65）号
ゆで大根…2023冬（69）号
大根葉のふりかけ…2023冬（69）号
大根のクリーム煮…2015冬（37）号
大根カツ…2015冬（37）号
大根ご飯…2015冬（37）号
けんちん汁と大根飯…2022冬（65）号
大根そば…2022冬（65）号
なます…2021冬（61）号
切り干し大根　つくり方とレシピ…2022冬（65）号

【白菜】
グリル白菜…2023冬（69）号
ロール白菜…2022冬（65）号
干し白菜とさばの塩スープ…2023冬（69）号
実験　白菜のセミドライ…2023冬（69）号
白菜とりんごのサラダ…2022冬（65）号
白菜のおから和え…2015冬（37）号
白菜のおひたし…2022冬（65）号
白菜漬け…2022冬（65）号
本格白菜キムチを仕込む…2023冬（69）号

【長ねぎ】
長ねぎグリル…2022冬（65）号
トロトロねぎと鶏の炊き込みご飯…2022冬（65）号
長ねぎとほたてのぬた…2022冬（65）号
ねぎとじゃがいもの塩麹煮…2022冬（65）号
焼きねぎ漬け…2012夏（27）号
余り野菜のお好み焼き…2015春（38）号
鶏肉と長ねぎのグラタン…2018冬（49）号
ねぎのマリネ…2013春（29）号

【キャベツ】
シュラハトプラット…2022冬（65）号
キャベツの丸ごと蒸し…2015冬（37）号
キャベツのステーキ…2015冬（37）号
キャベツの丸煮…2017秋（48）号
キャベツのにしん漬け…2017秋（48）号

【かぶ】
かぶの葉焼売…2023冬（69）号
かぶのいくら和え…2023冬（69）号
かぶのきのこあんかけ…2014春（34）号
かぶらごき…2010春（18）号
かぶの甘酢漬け…2016秋（44）号
農家おすすめのかぶと大根…2023冬（69）号
大根おろし器を比較…2022冬（65）号

【ブロッコリー・カリフラワー】
ブロッコリーとカリフラワーのフリット…2022冬（65）号
カリフラワーの生サラダ…2023冬（69）号
カリポテサラダ…2023冬（69）号
カリフラワーと鶏肉のしょうが蒸し焼き…2022冬（65）号
ブロッコリーのペペロンチーノ…2022冬（65）号

【にんじん】
にんじんグリル…2023冬（69）号
にんじん鍋…2018冬（49）号
にんじんご飯…2012夏（27）号
にんじんふりかけ…2016夏（43）号
にんじんジャム…2017秋（48）号
にんじんサラダ…2019冬（53）号
いか入りきんぴら…2017秋（48）号
いかにんじん…2017秋（48）号
きんぴら…2021冬（61）号
にんじんの子和え…2011春（22）号
にんじんを埋めるとどうなる？…2019冬（53）号

【ごぼう・れんこん】
揚げごぼう…2022冬（65）号
甘辛ごぼう…2022冬（65）号
ごぼうの照り焼き…2023冬（69）号
ごぼうのおから和え…2022冬（65）号
ごぼう南蛮…2015冬（37）号
れんこんポタージュ…2023冬（69）号
甘辛れんこん…2023冬（69）号
ポットロースト…2019秋（56）号
根菜のパエリヤ…2020冬（57）号
はすねもち…2010春（18）号
玉津島…2010春（18）号
れんこんの落花生和え…2010春（18）号
辛子れんこん…2010冬（17）号
がめ煮…2013春（30）号

【せり・春菊・ケール】
せり鍋…2018冬（49）号
春菊そば…2023冬（69）号
サラダ春菊のナムル風…2016春（42）号
春菊餃子…2019秋（56）号
ケールのたらこスパゲティ…2023冬（69）号
ケールチップス…2023冬（69）号
農家おすすめのケール…2023冬（69）号
コルカノン…2022冬（65）号
ケール炒め…2019秋（56）号

参考資料・参考URL
『おいしさをつくる熱の科学』（柴田書店）、「農業技術大系
野菜編」「食品加工総覧」『新野菜つくりの実際　根茎菜』
『新野菜つくりの実際　葉菜』『日本の食生活全集』（以上農
文協）
農研機構「野菜の最適貯蔵条件」https://www.naro.affrc.
go.jp/org/nfri/yakudachi/optimalstorage/index.html

本書は2023年10月1日発行「別冊うかたま 農家に聞いた いちばんおいしい野菜のレシピ」を書籍化したものです。

うかたまBOOKS
野菜まるごと 旬を食べる農家レシピ

2024年9月5日　第1刷発行

編　者	一般社団法人 農山漁村文化協会
発行所	一般社団法人 農山漁村文化協会 〒335-0022　埼玉県戸田市上戸田2-2-2 ☎048-233-9351（営業） ☎048-233-9372（編集） FAX048-299-2812 振替　00120-3-144478 https://www.ruralnet.or.jp/
製　作	株式会社 農文協プロダクション
印刷・製本	TOPPANクロレ株式会社

＜検印廃止＞
ISBN 978-4-540-24155-0
©農山漁村文化協会 2024　　Printed in Japan

定価はカバーに表示
乱丁・落丁本はお取り替えいたします。

うかたま
WEBサイト　http://ukatama.net

@uktmつぶやいています
http://twitter.com/uktm

★Facebookもやってます
www.facebook.com/ukatama

撮影＝赤松富仁（p96タイトル下）、五十嵐公（p10タイトル下、22～23、40～41、50タイトル下、68タイトル下、72タイトル下、82タイトル下）、倉持正実（p56タイトル下）、小林キユウ（p1、10～14、16～19、24～25、32～36、38、39下、50～53、56～57、60～64上、68～75、78～79上、83～85左、86～88、96～98上、99～102）、高木あつ子（p4～5秋庭・井上・小島・齋藤（万）・佐藤・柴海・鈴木（薫）・鈴木（紗）・谷川・土橋・直井、32タイトル下、54～55、64下～65、76～77、79下、92～94、98下）、寺澤太郎（p42～49、90、95）、長野陽一（p4～5鴨志田・平石、26～31）、野口修二（p20～21、39上、58～59、85右）、矢郷桃（p80～81）、依田賢吾（p67）、編集部（上記以外）

写真提供＝安藤康夫（p81花、タネ）、礒辺和明（p62タイトル下）、ヴィルモランみかど（p66サラダカブ はくれい）、小林種苗（p66あかくら蕪）、松永種苗（p66紅くるり）、Shutterstock（p101カーボロネロ、カーリータイプ）、PIXTA（p66紅芯大根、p101コラードタイプ）

スタイリング＝本郷由紀子（p10～14、16～25、32～36、38、39下～41、50～53、56～64上、65、68～75、78～79、83～88、92～98上、99～102）

料理＝p26～31、42～49、54～55、64下、76～77、90、98下以外はすべて編集部

デザイン＝兼沢晴代

DTP制作＝株式会社 農文協プロダクション

「うかたま」は、食べものの神様、宇迦之御魂神（ウカノミタマノカミ）にあやかり、古くから日本ではぐくまれてきた食の知恵や暮らしのあり方を受け継いでいきたい、そんな思いから、つくった言葉です。

キャラクターデザイン＝鈴木麻子